ちくま新書

ルポ 歌舞伎町の

れでも「立ちんぼ」を続ける彼女たち

春増翔太
Harumashi Shora

1762

ルポ

歌舞伎町の路上売春

――それでも「立ちんぼ」を続ける彼女たち【目次】

プロローグ　7

第1章　歌舞伎町の「立ちんぼ」スポット　13

薄暗い路上で／売春女性が集まる公園／取材の始まり／相場／それぞれの事情／みつぐために／より安く、より若く／路上売春の急増／観光地化／無断で撮影し投稿／隣り合わせの危険／ネットを避けて路上で／買春する男たち／彼女たちの人間関係／戦後生まれの歌舞伎町／性風俗のきっかけは売春防止法／街の繁栄とともに／昭和から平成へ／21世紀の「浄化作戦」

第2章　彼女たちのリアル　63

1　「別にずっといたいとは思わないけど」……ユズ　64

ネカフェ暮らし、ホスト通い／自分の値段／札幌のホスト／キャリーケース一つで上京／「出稼ぎ」と「裏引き」／介護施設に就職／3週間で逆戻り／再びホスト通い

2　「私はね、家族が欲しかったんだ」……モモ　84

初めて迎えた歌舞伎町の冬／「家みたい」なホストクラブ／虐待を受けた幼少期／「愛情が何かは知らないいんだよね」

3 「愛を探しに来たんです」……レイ　98
声をかけられて／施設を転々とした日々／「愛を探しに」／「病気をきちんと治したい」

第3章 ホストの沼　113
私のラスソン／みつぐための売春／500万円のおねだり／飛び降り騒ぎ／「その女の人は知ってるよ」／「担当」への愛憎／負の連鎖／変わらない業界の風潮／勧誘の場はSNS／10代も通う「メンコン」「メン地下」／女性客を「沈める」／ホストの「沼」

第4章 手を差し伸べる　145
深夜の薬局へ／目の前の困り事／午前1時の相談／海外で目にした売春の光景／支援の日常／居場所となる相談室を／支援の輪／活動資金の悩み／行政と民間団体の協働

第5章 取り締まりのジレンマ　169
「もう絶対、捕まりたくない」／買春は罪にならず／珍しくない逮捕事案／警察の「説諭」／いたちごっこ／専門相談員／売春をさせる「構造」／「風俗やりなよ」／「めちゃくちゃ試行錯誤」

第6章 彼女たちはどこへ行くのか　193

1 「誰にも知られたくなかった」……ユズ 194
望まぬ妊娠／「産みたい」／母親の思わぬ発言／捨てようとした過去／居心地のいい場所／「また東京に戻ってくる」／郷里にて

2 「ちゃんとした家族が欲しい」……モモ 211
「もう疲れた」／15歳の少女／臨月／「友達と一緒に住むから」

3 「この街に愛はなかったです」……レイ 218
病院を抜け出し／トラブル続き／次の居場所／「しあわせになりたい」

4 「プラスでもマイナスでも、リセットされる街」……鈴木涼美さん 229

5 「『自分に関係ない』と見切れば、大久保公園の現象に加担するのと同じ」……宮台真司さん 237

エピローグ 247

あとがき 251

プロローグ

生い立ちを語った彼女は話の終わり際、どきりとする言葉を口にした。

「だからさ、「愛情」という字は知っているけど、それが何かは分からないんだよね」

モモという19歳の女の子。両腕にあるのは、リストカットの傷跡だろうか。ベージュのコートの襟をつまみ、「これ4000円だよ。よくない？」とあどけなく笑う。この街に来たのは、どこかで愛情を求める気持ちがあったからかもしれないと言った。

モモを初めて見たのは、3カ月ほど前、ビル風が吹きつける道端だった。2022年12月、東京・歌舞伎町。2人の女の子が細い路地のガードレールに寄りかかり、ぼんやりと立ち続けていた。一人はタバコに火をつけて夜空に煙を吐き、もう一人は、幾重にも首に巻いたマフラーを鼻まで引き上げ、自分を抱きしめるように両腕を体の前で交差させていた。風が強い夜の路上で、ひどく寒そうだ。

ガードレールは、背後にある小さな公園をぐるりと囲んでいる。ネオンが煌々《こうこう》とともる「眠らないまち」というイメージとは異なり、細い道を照らすのは街灯ばかり。路面にはタバコの吸い殻が無数に散らばり、自動販売機の脇には、たいてい誰かがうずくまっている。街が放つ強い光の影の部分を背負ったような雰囲気が、ここにはある。

2人は夜な夜な路上に立ち、売春相手を待つ女の子たちだ。「立ちんぼ」と呼ばれ、そう自称することもある。堅い言い方をすれば「街娼」だ。歌舞伎町には、そんな女性が集まる一画がある。日が暮れる頃、どこからか来て、自らの体を買う客を待つ。大半は20代前半。彼女たちは暗がりの中で、白く光るスマホに目を落とし、互いに距離を取って路上に立ち並ぶ。

タバコを吸っていたのは26歳のユズだ。黒地に白いひらひらの襟がついた膝丈のワンピースを着ている。「どう?」と声をかけると、「全然ダメ。ちょっと前に警察が一斉に捕まえに来たらしくて、客が全然来ない」と返してきた。彼女とは出会って1年が経っていた。互いに素性を知っているからか、話しかければいつもあけすけに語ってくれる。ユズはスマホの時刻にちらり目をやると、「やばいよ、手持ちの金がない。1000円しかないのに、もうちょっとで部屋の更新時間なんだ」とつぶやいた。定宿にしている近くのインターネットカフェの個室を使うには翌日以降の代金を前払いする必要があり、2000円ちょっとかかるという。「ATMで下ろせばあるけど……。あー誰かパッと1万円くれないかな」。いたずらっぽくこちらを見るが、笑って受け流すと、再びタバコを吸った。

そんなやり取りを隣で聞いていたのがモモだった。「私も全然ダメー」と言う。薄手のコートを羽織ってはいるが、やはりスカート丈は膝上までだ。素足をさらすのは「商売だからね」と屈託なく笑う。「私はね、半年前に歌舞伎（町）に来たの」と教えてくれた。2人は最近知り合ったらしく、近くのインターネットカフェの一室をシェアしながら暮らしていた。

短い会話を交わして私は2人から離れた。新たに出会ったモモが19歳だとは、その時点では知らなかった。この日に聞いたのは、半年前に来たということだけだ。もう少し聞きたいこともあったが、話を続ければ彼女たちはその間、「仕事」にならない。その仕事は違法行為だが、路上に立つ女性たちから少しずつ話を聞くのが、新聞記者である私の仕事だった。私は社内で決まった担当を持たず、割と自由な立場にいた。歌舞伎町に足を運んで取材を続けてはいたが、もともと誰かに求められて始めたわけではなく、締め切りもなかった。

後に知ることになったが、ユズは北海道の小さな町の出身で、モモは北関東のはずれの町で生まれ育った。それぞれに求めるもの、避けたいことがあり、たどり着いた場所で、彼女たちなりの人間関係を築いていた。この社会に暮らす誰もがそうであるように。

公園の一帯は、何十年も「立ちんぼスポット」であり続けてきた。暴力団や薬物がはびこり、歩くだけで危ないと言われた時代にも、2020年春に始まった新型コロナ禍で日本中の繁華街から人が消えた時にも。その数に違いはあれど、女性たちの姿が消えたことはない。客からの暴力や性感染症、金銭トラブル、そして警察による取り締まり。いくつものリスクを抱えながら、彼女たちは道に立つ。

私がその存在を知ったのはいつだったのか、はっきりとは覚えていない。だが、いつからか私の中に疑問があった。知らない男性や警察が怖くはないのか。どれくらい稼げるのか。リスクを抱えてまでお金が必要なのはなぜか。どこから来たのか。路上売春をしていることを家族は知っているのか。いつまで続けるつもりなのか。そして、性を売る女性が集うこうした場がこの社会に存在し続けるのはなぜなのか――。

「何か特殊な人たち」で、自分とは無関係だと見なしてしまえば、そこで話は終わってしまう。だから、彼女たちがどんな歩みを経てこの街にたどり着いたのか、私たちが暮らす社会は彼女たちとどう向き合っているのか、知りたかった。

そんなことを考えていた頃、偶然の出会いがあった。坂本新《あらた》さん。いつも黒っぽい服を着て、いかつい体と柔和な顔つきをした51歳の男性だ。会社勤めをしながら、歌舞伎町を「居場所」にする無数の女性に声をかけ、金銭トラブルや望まない妊娠の相談に乗ってきた。NPO法人の代表でもあり、街の一角で相談室を開いたばかりだった。2021年秋のことだ。新宿東口の地下街にある喫茶店で坂本さんに会った私が、女の子たちの声を聞いてみたいと言うと、「よかったら、(相談室に)来てみてください」と応えてくれた。

地上では落ち葉が乾いた音を立てて道を舞い、その日も多くの若い女性たちが暗がりの中で、白く光るスマホに目を落として立っていた。

そんなふうにして、私はこの街に通い始めた。当初は想像だにしなかったが、1年後、この街には、体を売るために路上に立つ若い女性が急増し、歩道からあふれんばかりにひしめき合うようになる。何年も続けてきた女の子も、取り締まりに当たる捜査員も、「異常だ」と口にした。

その傾向は2023年も続いている。彼女たちを取り巻く環境と、街の風景が大きく変わっていく状況を目の当たりにして、私は歌舞伎町に足を運ぶのをやめられなくなった。

それは今の時代に起きている、明らかな異変だった。

本書に登場する人物の年齢は、取材時のものです。「モモ」などカタカナ表記の名前は仮名です。また、本書は買春や売春見物を勧めるものではありません。

第1章 歌舞伎町の「立ちんぼ」スポット

薄暗い路上で

ネオンの光もなく、街灯が並ぶばかりの薄暗い路上で、若い女の子たちは立ったまま、手にしたスマホに目を向け続けている。50メートルほどの間に、ぱっと目に付いただけでも12人はいる。買春客に声をかけられるまで誰にも目を向けず、うつむきがちなその顔を、ただスマホの白い光がうっすらと照らし出していた。

植え込みの花壇に背を向けた1人の女の子がふっと顔を上げた。黒髪にマスクをしているが、20歳前後だろうか。白と黒のゴスロリ風の服に身を包み、短めのスカートから、ハイソックスを履いた太ももが見える。「地雷系」と呼ばれるファッションだ。

その前を通りかかった40代くらいの男性がすっと近づいた。トレンチコートの下にスーツを着込み、めがねをかけている。黒革のカバンを提げているから、仕事帰りかもしれない。肩を寄せるように隣に立つと、手元のスマホを見続ける女の子に小声で尋ねた。

「遊べる?」

わずかに顔を上げた女の子は、再び視線を落とすと、「ん、いいよ」とつぶやくように答えた。短い会話が続く。「いくら?」「2…かな」「どこまで?」「ゴムなし2・5、ナマナカで3……」。一瞬の間が空き、男性は言った。「いいよ。行こう」

男女はすぐに連れだって歩き出すと、近くのラブホテルに消えていった。彼女が最初に提示した「2」は、男性側がホテル代とは別に2万円を支払うことを意味する。「遊ぶ」はセックスを指す隠語だ。スムーズなやり取りは、二人ともこれが初めてではないことを窺わせる。「商談」が成立し、ホテルまで歩く道すがら、どちらも無言のままだった。

2022年秋の、ある夜のことだ。

同じような光景は、一晩で無数に繰り広げられている。それが歌舞伎町の「立ちんぼスポット」だ。女性たちは基本的に1人で立つ。誰かと一緒にいることもあるが、一定の距離を空けている。でないと男性客から声をかけられないからだ。声をかけてくるのは、取り締まりに当たる警察官をのぞけば、彼女たちを買いたい男性だ。

そんな街の様子が誰の目にも明らかに変わり始めたのは、秋が終わりかけた頃だった。「異常だよ」と、歌舞伎町に来て3年になろうとしていたユズが言った。「女の子、多すぎる。客も増えてくれればいいけど、ただ見に来るだけとかユーチューバーとか変なやつもいっぱいいるし、最悪なんだけど。女の子は特に若い子が増えている。どう見ても10代の子もいるもん」

ユズだけでなく、この街で知り合った誰もが顔をしかめてその変化を語った。夜の路上に立つ女性の数が急激に増えだしていた。

売春女性が集まる公園

歌舞伎町は、国内最大の繁華街といわれる。JR新宿駅の東側に広がる600メートル四方は、その南北を靖国通りと職安通りに挟まれ、中央部を東西に貫く花道通りを境に、南側の歌舞伎町1丁目と北側の歌舞伎町2丁目に分かれる。

広く知られているのは、1丁目だろう。映画館が入る複合ビルや飲食店がひしめき、日中は買い物や食事、夜になれば飲みに来た客であふれかえる。若者や家族連れから外国人観光客まで多様な人たちが訪れる。2008年に閉館した新宿コマ劇場は、1丁目の中心だった。今ではホテルや映画館が入る30階建ての新宿東宝ビルがそびえ立ち、8階テラスに置かれた巨大なゴジラの頭のオブジェは、この街のシンボルとなっている。未成年者が集まり、いくつかの事件をきっかけに名が知られるようになった「トー横広場（シネシティ広場）」はその西隣にある。

1丁目と違って2丁目にはホストクラブやキャバクラ、ラブホテルが建ち並ぶ。昼間は閑散とし、道行く人たちも大半は通り抜けていく。夜になると薄暗く、街灯の白い光とどこか毒々しいラブホテルの看板の明かりが目立つ。北側の百人町は新大久保に近く、韓国料理店やコスメショップが建ち並ぶ。このエリアには国内外からの観光客が多く、昼夜を問わず若者を中心ににぎわっている。

路上で客を待つ女性たちが集まるのは、歌舞伎町2丁目にある新宿区立大久保公園の周りだ。鉄柵に囲まれた公園の外周は300メートル。バスケットボールコートや公衆トイレが整備されているが、入り口の鉄扉は、夜になると閉ざされる。公園の南側には、東京都が民間と共同で開発した高層ビル「東京都健康プラザハイジア」が建つ。救急医療も担う都立大久保病院が隣接し、敷地内にある警視庁の歌舞伎町交番は、昼夜を問わず絶えることのない事件やトラブルの対応に追われている。

女性たちはその一帯に立つ。誰に決められたわけでもないが、同じ女性は、別の日に見かけても同じ場所にいる。来るうちに何となく定まるのだろう。ある女の子は、「待ちやすい場所ってあるから。同じ場所にいれば、知ってるお客さんにも声かけられやすいし」と話す。

中でも公園に面したハイジア北側の歩道には、場所によって雨よけがあるからか、女性の姿が最も多い。女性たちは、声をかけてきた男性と自ら交渉し、金額が折り合えば近くのホテルに向かう。一緒に食事をしたり、買い物をしたりといった「デート」だけが求められるケースもあるが、大抵はセックスや「抜き」など性行為が前提だ。

取材の始まり

２０２１年11月、この街に通い始めたときに私が頼ったのが、坂本新さんだ。会社勤めをしながら、坂本さんは夜の歌舞伎町に立つ女性たちに「何か困っていたら力になるよ」と声をかけ続けてきた。当事者からの相談を待つのではなく、自ら出向いて手を差し伸べる「アウトリーチ」と呼ばれる活動だ。２０２０年にはＮＰＯ法人「レスキュー・ハブ」を立ち上げた。

「彼女たちも、私のことをすぐに信用できるわけじゃないですからね。ただでさえ、変な客や警察を警戒している子たちです。「なんだこのオヤジ」って思うでしょう（笑）」

だから坂本さんは、足しげく夜の街に通う。夏はウエットティッシュを、冬はカイロを配り、顔見知りになれば「最近どう？」と声をかける。多い日には１００人ほどに声をかける。続けていると「実はさあ……」と口を開く子もいる。カネがない。具合が悪いが保険証がない。ロクに食べてない。生理が来ない……。

どんなことでも相談に乗る。「せっかく出してくれたＳＯＳですから」。妊娠検査薬を渡したり、弁当を買ってあげたり。その後もやり取りを続け、生活保護の申請を手伝うこともあれば、病院に連れて行くこともある。

「救いのハブ（結節点）になればと思って、それで「レスキュー・ハブ」なんです」

自宅や職場から、いつも見回りに直行していた坂本さんだが、2021年秋から、週末だけ歌舞伎町内の事務室を間借りすることにした。週に2回、夜間に女の子たちが気軽に立ち寄れる相談室を開くためだ。お菓子と医薬品を常備し、スマホの充電ができるようにした。路上よりも安心して話ができる居場所を作ろうとしていた。

私が取材をした女の子の多くは、この相談室で出会った。路上で声をかけて話を聞いたこともあるが、継続的に話をしてくれた女の子の大半が、坂本さんの下を訪れた女性たちだった。

心苦しさもあるが、私は取材の対価として彼女たちに金銭を払わない。話を聞く時の飲食代、場所代は当然出したが、それとは別に謝礼を出すと、金目当ての相手だった場合、作り話が紛れ込む可能性が高まるからだ。ただでさえ彼女たちの話は、どこまでが本当なのか分からないことがある。

知りたかったのは、彼女たちが「この街を居場所にして、売春を続ける理由」だった。そのためには、生い立ちや現状だけでなく、プライベートな部分にも踏み込むことになる。場合によっては、彼女たちもはっきりとは自覚できていないことにまで。だから、一度だけの取材ではなく、それなりの時間をかけて彼女たちの日常に接する必要があった。

相場

歌舞伎町の路上売春事情に話を戻す。

売春の相場は1回につき1万～数万円だ。女性の年齢や体型、容姿にもよるが、2万円前後が最も多く、内容次第で金額を変える女の子もいる。ホテルに入った後で男性客から、マニアックな行為を求められ、追加料金の交渉をすることもある。相場は下がり気味だという。

商売だから当たり前だが、金額に対する彼女たちの考えはシビアだ。

20代のエナは、「値切ってくるやつにろくなやつはいない」と切り捨てる。もう数年も路上売春をしてきたエナは、多い日には10万円以上を稼ぐ「やり手」で、相手のことをよく見ている。それでも値切られることが少なくないが、そういう相手はホテルに入った後で交渉を蒸し返したり、乱暴に振る舞ったりすることが多いというのが、彼女の経験則だ。

エナには何人かの常連客がいて、連絡先を交換した相手から直接、打診が来ることもある。だいたい40～50代らしい。一緒に飲みに行くだけで数万円をくれる人もいるという。そうなると、「パパ活」に近い。セックスをすることもあるが、「そういう客は安心できるし、話も早いから楽なんだよね」。それでも、「来てほしいときに来てくれるわけじゃないから」と、売り上げ目標を設定して日々、路上に立つ。夜中、客を待つ彼女の姿を見かけて声をかけると、「あと1時間だけ頑張ってみる」「目標額までもうちょっとだから、あと少し粘る」と返ってくることもしばしばで、その仕事は違法ではあるのだが、プロ意識を感じることもあった。

彼女にとっての「良い客」はシンプルだ。「なんだかんだ話したがる男が多いけど、こっちは別に客にならない相手と雑談したいわけじゃないからさ。一番は、余計なことを言わないで「遊べる?」って聞いた後は、さっと金額だけ言う人ね」

一方、4年前から路上に立つ21歳のサユリは、「尋ねられても絶対自分からは金額を口にしない」と話す。「どれくらい(出せる)?」と聞いて、相手に提示させるという。できるだけ高い金額にしたいからではなく、「警察の取り締まりだったら、自分から値段を言った時点でアウトになる」と思っているからだ。実際には、どちらから言おうが、交渉して折り合った時点で売春の契約は成立したとみなされる。そもそも、警察からすれば、特定の相手と交渉が成立していなくても、客を待つ行為だと確認できれば、彼女たちを検挙する根拠にはなる。それでも、彼女たちの間ではそうした仕事上の「知恵」がまことしやかに語られている。

金額次第で「ナマ」、つまりコンドームを使わない性行為をする女性も、珍しくない。

性風俗店では禁じているところが大半だが、路上売春の世界では金次第というのが実態だ。より多い金額を受け取って膣内での射精を許し、望まない妊娠をする女性もいる。

エナは「あり得ないよね。ナマでさせる子はピルとか飲んでるけど、私は絶対に嫌」と言う。彼女はいつもゴムを持ち歩いているし、必ず客に着けさせる。避妊のためだけでなく、「変な病気をもらいたくない」からだ。近年、梅毒の感染例は増加傾向にあり、都内における2022年の報告数は、1999年の調査開始以来最多だった。

避妊の意識は、女の子によって差がある。ナマを許した場合はアフターピルを服用する女の子もいる一方、ユズからは「ナマでやったら（普段より多い）2万もらった」と聞くことが、しばしばあった。平然と口にするユズを、支援者たちは度々たしなめた。だが、ユズは「大丈夫だよ。私、妊娠しないと思う。これまでも大丈夫だったから」と素っ気なかった。

望まない妊娠をした女性が、相手の男性客を特定できることは、あまりない。出産するにしても、中絶するにしても、身体的、経済的な負担は女性が背負うことになる。

それぞれの事情

この一帯は、昔から売春スポットとして知られてきた。成り立ちや移り変わりは後述するが、路上売春行為は、数十年前から自然発生的にあったようだ。最近ではどんな子が立っているのか、坂本さんと初めて話をした日に尋ねてみた。

「抱えている事情は本当にそれぞれです。コロナ禍で派遣の仕事をなくし、再就職先が見つからなくて仕方なく生活費を稼ぎに来た女性もいました。売春以外で稼いだことがなく、仕事の探し方を知らない子もいるし、風俗店に勤めながら、空き時間に来る子もいます。中には障害がある人や、虐待を受けたり疎遠になったりして親・家族との関係が断たれてしまったケースもあります。昼のパートだけでは食べていけないシングルマザーもいました」

メディアからたびたび取材を受け、同じことを何度も聞かれてきただろう坂本さんの答えからは、一口では到底、説明し切れないことが窺われた。やがて私も、その実情を目の当たりにすることとなる。坂本さんは、コロナ禍の影響もあるかもしれないとも言った。その時点で、コロナ禍が始まって1年半がたっていた。

「失職したとか他に仕事がないから、というケースも目にします。生活保護のような公的支援もあるし、私たちのような民間の支援もあるんですが、自分が支援の対象になり得ると知らない女性もいます。自分で勝手に選んで来てるんだから、と思っているんですね」

後に私が路上で話を聞いた25歳の女性も、そうだった。ある日の昼間、彼女は心細そうにビルの外壁にもたれかかって立っていた。雨が降っているのに傘も差していない。話しかけると、「ちょっとならいいですよ」と応じてくれた。

大学を出て看護師になり、都内の病院で2年間、働いた。コロナの感染が拡大していた時期には忙殺され、休む間もなかった。勤務先は、感染者を受け入れるような病院ではなかったが、感染防止のための対応と、濃厚接触者となったため出勤できなくなった職員の穴埋めが常に負担になったという。

看護師になったばかりで、仕事にもまだ慣れていなかった。神経をすり減らし、精神を病んだ。軽いうつ病との診断を受け、仕事を辞めた。親には言えなかった。一人暮らしの自室に2カ月ほど閉じこもったが、もともと少ない貯金は減る一方だった。2週間ほど前に大久保公園のことをネットで知り、初めて路上に立った。「今日が3回目です」と打ち明ける。

「怖いと言えば怖いですけど、他にできることもないし。今のところ、長時間働ける気がしないので、どこかに勤めるのは無理です。ここなら、好きなときに短時間だけでもいいから」と言う。彼女が口にした、次の言葉には驚いた。

「初めて来た時と前回は、割と短い時間でお客さんがついてくれて、それで何万円かもらって。ちょっとホッとしたんです。ああ、まだ自分で稼ぐことができるんだって。もう働けないんじゃないかと思って不安だったんで。ずっと続けるかは分かりませんけど、とりあえずは、たまに来ようかなと思っています」

失業保険や生活保護についても彼女は知っていたが、「とんでもない。私よりずっと大変な人もいるのに支援だなんて。必要な人にしてあげればよくて、私は全然いいんです」と、小さく手を振った。「自分なんて」と、自らを卑下する彼女に相談室を紹介してみたが、「大丈夫です」とだけ返してきた。

私が礼を言ってその場を離れたほんの数秒後、彼女は、客と思しき男性に話しかけられていた。合意には至らなかったようで、その男性はすぐに離れていったが、10分ほどすると、彼女はもうそこにはいなかった。誰か別の客がついたのかもしれない。

それ以来気になって、彼女の姿を探しているが、見つけられないでいる。

みつぐために

この女性のように、仕事を失って路上売春を始めたケースもあるが、私が出会った中に、こうした女性はそう多くない。むしろ、多かったのは誰かにみつぐために性を売る女性たちだ。みつぐ相手はホストが多いが、コンカフェと呼ばれるホストクラブと似た業種の男性スタッフ、地下アイドル、そして、実際に交際している男性の場合もある。みつぐことを優先させたため生活が苦しくなって路上売春を始めた、とも言える。路上売春によって警察が逮捕した女性の「7〜8割が、ホストやそれに類する者に入れ込んでいた」(捜査関係者)という。

取材を始めて1年半ほどで私が接したのは、20代が圧倒的に多い。警視庁による逮捕者も8割が20代だ。売春を取り締まる保安課の担当者は、「20〜30代を中心に、上は40代くらいまででしょうか。特に20代前半の女性が増えています」と話す。「何年も続けている女性もいますし、立ってみたものの、1、2日でやめてしまう子もいます。大久保公園周辺に売春女性が集まるというのは、ネットでも知られてしまっていて、それで集まるんですね。こう言っては何ですが、以前はあまりいなかった一見「普通の子」が増えている。気軽にやって来るようになりました」

より安く、より若く

実際には10代も珍しくない。客待ちのノウハウを語ってくれたサユリも、その一人だ。彼女は17歳で立ち始めた。

サユリが初めて「売り」をしたのは16歳のときだった。地元は北関東の地方都市。中学を卒業後、彼女は吉野家、ドン・キホーテ、マクドナルドでアルバイトをし、家にも金を入れた。「でも時給は800円くらいで、せいぜい月に8万円くらいしか稼げない。家に金を入れると、ほとんど残らなかった」。ある日、金をくれるという男性をツイッター（現X）で探してみた。相手はすぐに見つかった。

「言われた通り東京駅まで行って、その男の車に乗せられた。結局、どこかの駐車場に停めた車の中で手でやったよ。45歳くらいの人。私もまだ処女だったし、気持ち悪かった」

それでも受け取った1万円は大きかった。

「『こんなことしてちゃダメだ』って思って、やっぱり売りはやめてアルバイト続けたの。でも1日働いて6000円とかでしょ。もう無理なの。1、2時間で1万円っていうのを知っちゃったから」

家族との関係は悪く、ほどなくマッチングアプリで知り合った男性を頼って上京し、歌舞伎町で売春を始めた。路上に立ったのは、18歳未満だと風俗店で働けないからだ。

「若い子らは平気で1万円以下で（ホテルに）行っちゃうからね。夜のホテル代が出ればいいって子もいるし、ナマでもイチゴー（1万5000円）とか。それで、全体の値段が前より下がってる。前はだいたい2（万円）が平均だったけど、今はもう1とか1・5じゃない？」とサユリは言う。この街に来て4年がたったとはいえ、まだ21歳の彼女が「若い子らは」と言うのは変な気もするが、「相場」は下がり気味だと話す女性は多い。ここ数年、数百メートル離れたトー横広場から、その日の宿代を稼ぎたい「トー横キッズ」の女の子が流れて来るようになって、10代は増えている。路上売春は、より安く、よりカジュアル化している。

彼女たちの多くは、自分たちの行為が違法だと知っている。捕まった経験のある子もいる。だから、そのリスクを常に意識しながら立っている。坂本さんによると、それが理由で公的支援にアクセスしようとしないケースもあるという。

警察は頻繁にパトロールをしている。パトカーは1時間に何度も公園の周囲を回っているし、制服姿の警察官が2人組で巡回している姿もよく見かけた。買春客と見分けがつかないが、私服刑事らも目を光らせていて、摘発もある。

路上売春の急増

東京全域を管轄する警視庁にとって、路上売春の取り締まりのメインは新宿だ。池袋にも路上に立つ女性が集まる場所はあるが、規模は小さい。長く捜査に当たる保安課の幹部は、歌舞伎町の変化や現状をよく知っていて、私は検挙実績や捜査の背景を尋ねるため、何度か取材を申し込んだ。

2度目の取材をした2023年2月、その幹部は厳しい表情でこう語った。

「ここ数ヵ月でしょうか、女性が急に増えています。女性だけでなく、人数自体が増えているのですが、ちょっと……どころではないですね。異常です」

ユズが発したのと同じ言葉だった。

それまで1年以上にわたって足を運んできた私の目にも、明らかに「異常」だった。

2022年11月のある週末、午後9時ごろにその一帯に行くと、すでに30人以上の女性が立っていた。それまでは多い時でも、せいぜい十数人だった。その時間に男性客と連れだってホテルに入っていた女性もいたとすれば、この日、路上売春をしていた女性の数はもっと多いだろう。

12月に入って、警察による大規模な摘発が何日間かにわたり繰り返された。「売春女性と買う側の男性が急に増え、これはまずいという危機感があった」と捜査幹部は明かす。1カ月で10人の女性が逮捕され、路上に立つ女性たちは警戒心から一時的に姿を消した。この頃、私は公園の周りで顔見知りの女の子に会うと、「明日も一斉検挙するってうわさだよ」「私も、しばらく夜は避ける」と言われるようになった。

ただ、年の瀬が近づくと、路上に立つ女の子たちの数は元に戻っていた。先の捜査幹部は、「何十人といっても、実際に取り締まれるのはごく一部。抑止的な効果は限定的だった」

と話す。

年が明けても、女性たちの数は増え続けた。春先、再び大規模な摘発があり、一時的にその数は減ったものの、それでも40人近い女性の姿を目にすることは珍しくなかった。6月、梅雨入り前の台風が近づいて東海道新幹線が止まり、都心でも激しい風雨に見舞われた日ですら、20人はいた。夏になり、週末ともなると、60人に達することさえあった。この日、わずかでも立った女性を含めれば、100人を超えたかもしれない。

1日の中で多い時間帯は、日没から午前0時ごろまでだ。以前なら日付が変わると、その数はぐっと減った。週末であっても、午前1時を過ぎれば、ごった返していた公園の周囲も閑散とするのが常だった。終電が迫れば買う側も減るし、女性たちも、帰る家があれば家路につかなくてはならない。「何時間も立ち続けるのってかなりしんどいから、それくらいが限界でもある」と話す女の子もいた。

それが2023年に入った頃から、午前0時を過ぎても、多くの人が残るようになった。終電がなくなっても、女性たちは当たり前のように路上に立ち続けている。

観光地化

路上に立つ女性が急増し、大久保公園の周辺はかつてない様相を見せ始めた。だが、こうした状況を作り出したのは彼女たちだけではない。むしろ、圧倒的に増えたのは男性の姿だ。

以前であれば、この界隈で目にした男性は、1人でやってきた買春目的か、どこかへ通り抜けていく酔客たちのいずれかだった。今は違う。ただたむろしている男性が多い。大学生のような若者もいれば、サラリーマン風の年配もいる。缶ビールやマッコリの瓶を手にしたグループもいる。そこかしこで繰り広げられる会話は騒々しい。彼らは、路上に立つ女性たちを遠巻きに見続けている。

「うわー、これか。めっちゃいるじゃん」「みんな、立ちんぼっていう子たちなんでしょ」

そんな声が聞こえてくる。女の子たちの立ち姿にスマホのカメラを堂々と向ける人もいた。まるで見物客だ。この1年ほどで、観光地のようになっている。

こうした男たちを、女性たちは「ギャラリー」「やじ馬」と呼び、嫌っている。彼らの目的はいったい何なのか、何人かに聞いてみた。

大学生だという男性は悪びれずに言う。「ユーチューブの動画やネットで話題になっているのを知って見に来たんですよ。やばくないですか？　これほとんど売春やってる子たちっすか？」。別の日には、30代の会社員に話を聞いた。「いや、自分で買うわけじゃないんですけど、社会科見学みたいな？　すごいですねこれ。違法ですよね。買う人もいるんですか？」。言うそばから、スマホのカメラを女性たちに向けていた。

中には、別の目的がある人たちもいる。女性たちと「しゃべりたい」だけの男性だ。この街に通うようになって半年ほどという50代の男性は、週に3、4日、この一帯を訪れる。知り合いになった女の子たちと話をするためだ。独身で会社勤めのサラリーマンだという。

「ただ、楽しく話したいだけ。こんなおじさんでも、仲良くしゃべってくれる子もいるからね。しゃべったり、一緒にお酒を飲んだり。別に危ないことをしようとは思っていない。荻窪の自宅には終電で帰ります」

話を聞いた日、その男性は、顔見知りの女の子に頼まれて、コンビニで買った酒を渡していた。この場所のことは、ユーチューブで知ったという。「今日は有給で休んだけど、普段は会社帰りに来ますね。会社の同僚も知ってますよ。僕が映り込んじゃったユーチューブの動画とかも見せてますから」とあっけらかんと言う。

女性を買うことはないのかと聞くと、少し口ごもった。隣にいた女の子が「あたし、このおじさんに買われたことあるよ」と口を挟むと、「そういったことも1、2度ありますが、それはまあお金がない子への支援みたいなものです」と言って、そそくさと空き缶を片付け始めた。

この手の男性のほか、路上の女性たちに客のような態度で近づき、「何してんの」「調子どう?」などと話しかける男性もいる。彼女たちには冷やかしだと思われ、疎まれている。

無断で撮影し投稿

こうした中で、女性たちが特に敬遠しているのはユーチューバーだ。

ユーチューブに限らずネット上には、道端に立つ女の子たちを、路上を歩きながら映して回った動画が無数にアップされている。公園の周辺に1時間もいれば、撮影をして歩く男性を見つけるのは難しくない。アップされた動画の大半が、映し出された人物の顔にモザイクをかけておらず、見る人が見ればそれが誰だか特定できる状態のままだ。こうした動画は2022年の冬ごろから増え始めた。

翌23年5月、右手にビデオカメラを構え、あまりにも堂々と女性たちを映して歩くスーツ姿の男性を見かけた。女の子たちはびっくりして固まったり、顔を背けたりしている。しばらく私は、その男性の後をついて歩き、タイミングを見計らって記者だと名乗って話しかけた。彼は口元を少しゆがめただけで、何も言わずに立ち去った。

別の日、スマホを盗撮気味にかざしながら歩いている中年の男性がいた。話しかけた私が記者だと言うと、「あんたたちとどう違うの。別に違法行為はしていないし、勝手でしょう」とまくし立てて背を向けた。ビデオカメラの男性にしても、この男性にしても、やましさはあるのかもしれない。

　勝手に素顔を撮られた動画がネット上にアップされていると知り、憤っている女の子とは何人も会った。ある子は友達から「あんた映ってるよ」と言われて気づき、坂本さんの相談室に駆け込んだ。日中は事務職のアルバイトをしているから、「職場にばれたらどうするの」と怒っていた。その動画を見せてもらうと、モザイク処理もなく、彼女を知る人が見ればすぐに分かると思える映像だった。彼女は、「警察は女の子じゃなくて、ああいうやつを捕まえなよ」と何度も言った。

　警察もこうした状況を把握しているが、明確な違法性がなければ、公道上の撮影を取り締まるのは難しい。誰にも肖像権はあるが、その侵害に刑事罰を科す法律はない。憤った女の子たちから、「なんで警察はなんにもしてくれないわけ?」とよく聞かれるが、取り締まる法律がなければ警察は動けない。

「勝手に撮られたんだけど」と、撮影者を捕まえた女性が、近くを通りかかった警察官を呼び止めたり、近くの交番に訴え出たりすることもしばしばだ。「トラブルになるから」と、撮影者に注意する警察官もいたが、そのやり取りまで撮影されてしまいかねない。暴行罪や脅迫罪に当たるような言動があれば別だが、撮影をめぐるトラブルだけでは、「気をつけて下さい」と声をかけるのが関の山だ。

路上で女性と話し込んでいた私を不審に思って話しかけてきたパトロール中の制服警官に記者だと名乗り、その流れで雑談をしたことが何度かある。ある日、男たちによる無断撮影の話を持ち出すと、「（勝手に撮影する）連中をどうにかしたいという気持ちは個人的にはあるけど、肖像権は民事の問題。我々は民事不介入だからね」と言っていた。

この一帯に集まってくる人たちが爆発的に増えたきっかけは、新型コロナの感染状況が落ち着いたことにあるだろう。

3年目に入ったコロナ禍は、2022年9月に「第7波」が収束し、局面が変わった。10月には、1日あたり5万人という入国者数の上限が撤廃され、外国人に対するビザの免除措置が再開された。国内で長らく我慢をしてきた人たちは繁華街へと繰り出し、海外からの観光客も戻り始めていた。

一般社団法人「日本フードサービス協会」の調査によると、2022年10月の飲食業界全体の売上は、コロナ禍前だった19年の同月比で105・5％となり、初めてコロナ禍前の水準を上回った。「まだまだ客足は戻らない」と嘆く飲食店もあるが、繁華街には確実に人が戻り、歌舞伎町は以前のような賑わいを見せ始めていた。

2023年5月には、新型コロナの感染症法上の位置づけが「5類」に移行し、感染者や濃厚接触者への外出自粛要請もなくなった。この措置も、人出に拍車をかけた。長かった「自粛」が解けた直後の反動もあっただろう。

隣り合わせの危険

この一帯にやって来る人が増えれば、それだけトラブルも増える。あたりには酔客も多い。大勢の人の目があるとはいえ、路上に立つ女性たちは、そこに身を置くだけで、リスクを抱えている。

「おまえどうせ立ちんぼだろうが」「言えるものなら言ってみろよ」

ある夜、公園の周辺を歩いていると、激しい罵声が耳に飛び込んできた。目を向けると、さっきまでガードレールに腰をかけて客を待っていた女の子と、明らかに酔っ払った中年男性が怒鳴り合っている。男性は4、5人のグループの1人で、「証拠でもあんのか」と息巻いている。

しばらく成り行きを見ていると、状況が飲み込めてきた。女の子は、男性グループの別の1人が、自分たちの横を通り過ぎたときに体を触ったと主張していた。その男はそのまま歩いて行ってしまったが、「おい、おまえ待てよ」と彼女が大声で呼び止めると、同じグループの別の男性が「何だ」と突っかかってきたという。それが、激高していた中年男性だった。

「おまえじゃねえんだよ。仲間の1人が、うちの体を触ってんだよ。そいつ連れて来いよ。警察に届けるぞ」。女性も負けじと言い返している。それに対して男性が怒鳴り返したのが、先ほどの罵声だった。罵り合いならよくある光景だと思いながら、私は様子を見守った。

つかみ合いになろうかという時、近くにいた2人組の警察官が走ってきた。間に割って入ると、中年男性はおとなしくなったが、女の子は止まらなかった。

「こいつの仲間が私の尻、触っていったんだよ。捕まえてよ」

警察官は彼女たちをなだめつつ、男性グループにも話を聞いている。聴取は5分ほどで終わり、警察官は彼女に何かを言って立ち去り、男性たちもどこかへと消えた。騒ぎを遠巻きに見ていた人たちもいなくなると、女の子だけがその場に残っていた。

私は彼女を知っていた。いつも公園の周りの同じ場所に立っていて、何度か話しかけたことがある。人をあまり寄せつけない雰囲気があり、自分のことは話したがらない子だった。この日はトラブルの直後で気持ちが高ぶっていたせいか、「大変だったね」と声をかけると、大きなため息とともにこう言った。

「最悪だよ。たまにいるんだよ、ああいうクソおやじ。酔っ払って何してもいいと思ってんだろうね。むかつくし、これについては向こうが100％悪いから、警察に来てもらってよかったけど、警官には「互いの言い分が違って確認が取れない」って言われただけだった」

もう何年も路上に立ち続け、何度も似たような経験をしてきたという。彼女から通行人にちょっかいを出すことはないが、酷い目にあっても泣き寝入りだ。

「うちらは基本、警察と絡めないじゃん？　別に「友達と待ち合わせです」って言えばいいけど、向こうだって、うちらが何してるかは分かってるわけだし。その場で変なやつを追っ払ってくれることはあるけど、ちゃんと捜査しようとはしないよ」

そう言って彼女が向けた指の先には、防犯カメラがあった。「あれ見りゃいいじゃん。そうしたら、さっきのも、どっちが正しいか分かるのに」

売春のために客を待つということ自体が法に触れる。彼女たちにとってはそれが弱みとなり、危ない目に遭うことも多い。

2年前から歌舞伎町に立つアン（30歳）も、さんざん嫌な思いをしてきた。立っているだけで110番されたり、汚い言葉を投げかけられたりするのはしょっちゅうだ。「先月もあったんですよ」と切り出したのは、強制わいせつ事件にもなりえる話だった。

「結構いい年ですよ。50代くらいにも見えるし、おじいちゃんにも見えるような」。その男性は近づいてくるなり、服の中に手を入れてきたという。彼女はびっくりして一瞬固まった。次の瞬間、「何してんですか。やめてください」と声を上げた。通りかかった人がすぐに110番通報をし、近くを見回っていた警官が数分で駆けつけた。だが、その時には男性は姿を消していた。

成り行き上、アンは自分がされたことを警官に説明したが、そうなると、彼女自身がなぜそこにいたかが問題になりかねない。警官も事情を察していたようだ。「まあ気をつけて」と言われて終わった。

「時々ありますよ。いきなり体を触られそうになって、私が少しでも手を払ったり肩を押したりすると、「暴行だ」「慰謝料を出せ」と言ってくる人もいる。うちらには何をしてもいいと思っているのかな」

坂本さんの相談室によく顔を出すエナは言う。

「いざとなったら、坂本さんのところに駆け込もうって思えるからすごくいいよ。でも毎晩開いてるわけじゃないからね。基本は自分たちで何とかするよ。おかしいやつなんていくらでもいるし、自分の身は自分で守らないといけないからさ」

ある種の覚悟の表れだと思うが、彼女の言葉には、どこかで「何とかなる」「自分は大丈夫」という感覚も含まれてはいないだろうか。路上に立ち続ける女性たちには、少なからずこうした感覚が見え隠れする。

承諾なしの撮影、痴漢、暴力行為……。路上には人の目もあるが、風俗店と違い管理者のいない路上売春では、客から危険な目に遭わされることも多い。

アンはホテルに行くと思ってついて行った客に、自宅に連れ込まれたことが何度かある。「え、無理です」と断ればよかったが、腕を引っ張られ、抵抗できなかったという。室内ではかなり乱暴に振る舞われ、事前に合意した金額は受け取ったものの、「本当に怖かった」と振り返る。

力ずくであり金を奪われた経験があるのは20歳のリオだ。2023年5月、路上で合意した男性と近くのホテルの部屋に入ると、相手の態度が豹変した。金額をめぐって「約束が違う。金を返せ」と言われ、怖くなって財布を出した。さっと手が伸びてきて財布を取られ、中に入っていた13万円を抜き取られた。男は走って外に逃げた。リオは慌ててその後を追ったが、すぐに見失った。13万円は、ネットカフェ暮らしのリオの全財産だった。

警察には届け出なかった。無駄だと思ったし、相手との関係を聞かれて何と答えればいいのか分からなかったからだ。泣き寝入りするしかなかった。

「そもそも、見ず知らずの男性と密室で過ごすことが大きなリスクです」と警視庁の担当者は言う。「金をだまし取られたり、暴力を振るわれたり。性病感染や予期せぬ妊娠もしかり。身の安全を損なう危険がたくさんある。自分自身のためにも、路上での売春はやってほしくないんです」

ネットを避けて路上で

彼女たちは、なぜそうしたリスクに身をさらしてまで、客を取るのだろう。ツイッター（現X）やマッチングアプリを使い、「パパ活」「交援」と称して客を募る女性も少なくない。路上では見知らぬ男から暴言や暴力を受けることもあるし、取り締まられるリスクも高まる。それでも、彼女たちの多くは路上に立つ方を選ぶ。

彼女たちに話を聞くと、「そっち（SNS）の方が怖くない？」と言う。16歳で援助交際を始めたサユリもその一人だ。もともとはツイッターに隠語を書き込み、客を募っていた。だが、常に不安があった。「待ち合わせ場所が駅や路上ならまだいいけど、ネットだと、いきなり家やホテルに呼ぶ人がいて怖かった」。その点、路上で対面すれば、直感的に危ないと思った相手は拒むことができる。

もう一つの理由は、「ネットはバックレが多い」というものだ。連絡なしのキャンセルだ。何往復もメッセージのやり取りをした末に待ち合わせ場所へ出向くと、相手はいない。

男性が途中で行く気を失ったり、離れたところから見て好みでなかったため声をかけなかったりするのだろう。女性側からすれば、交通費や時間が削られ、徒労に終わる。2年前から路上売春を続ける20代のカナエは、何度かそんな目に遭って、ネットでの相手探しをやめた。「それに、あれ結構面倒くさいんだよね」

もっとも、ネット上で売春相手を探す書き込みは今も簡単に見つけられる。

「今から歌舞伎で2~会える方」「歌舞伎で生5　#P活　#交縁」

分かる人には通じるハッシュタグを付け、金額を提示した投稿は無数にある。中には「大久保公園に立ちます。呼ばれればそっち行きます」と、ネットと路上の両方を用いる女性もいる。

買う側にとっても、路上で女の子と対面することで得られる安心感はあるようだ。ある晩、何人かの女の子に話しかけていた男性に声をかけた。少し気まずそうだったが、名前や職業はNGという条件で話を聞けた。30代だった。

「最初は周囲の目が気になったが、何度か来てたら、なくなった。ネット（での買春）は怖いからやらない。どんな子かも、本当に女の子かも分からないし、美人局《つつもたせ》だってあるでしょう。風俗店にも行くけど、写真を見ても加工されていて実物と違う。ここは、目の前にいるから、好みの子を探せるんですよ」

淡々とそう答えた。売る側、買う側、それぞれに理由がある。

買春する男たち

30代のこの男性は取材に応じてくれたが、買春客の多くはそうではない。買う側は、20代くらいの若者から60代くらいまで幅広い。スーツ姿もいれば、ジャージにジャンパーといったラフな格好まで、さまざまだ。似たような格好で売春をする女性たちに比べ、違いが際立つ。

男性たちに、どうしてここに来たのか尋ねて回ると、少し場所を変えて答えてくれた43歳の男性がいた。「最初は興味本位だった」という。仕事は「個人事業主」と言葉を濁す。路上売春のことは知人から聞き、2023年に入って月1回のペースで来ている。

「どんな子がいるんだろうと思ったら、意外に可愛い子も普通にいるんだなって。ホテル代を入れても風俗店より安く済むし、正直、(風俗店の)プロじゃなくて素人だというのも(よい)」。風俗店には30代から通っていたと言い、罪悪感はないようだ。「ご家族は?」と尋ねると、「息子がいるんだけど、娘がいたら、来られなかったかも。娘がやっていたら? そりゃショックでしょう。家族にバレたら一発アウト」と答えた。

私に対して何度も「警察じゃないよね」と念を押してきたのは、ワイシャツ姿の会社員だった。「警察が記者を名乗ることはないし、そもそも買う方は捕まらない」と言うと、「だよね」と応じた。軽いノリだが50代で、「これでも一応、管理職なんだよ」と明かしてきた。業種は言わなかったがメーカーに勤めているという。「ここの女の子は、こっちも気楽なの。相手がよければホテルだけじゃなく食事に行くこともあるけど、使うのは2、3万円。関係もその時だけ」。買春していることは、会社や家では「絶対言えない」という。

「ウィンウィンでしょ」と話す人もいた。茶髪の頭にタオルを巻いた30代の男性だ。物色するように歩いていたところを話しかけた。「彼女たちは金が欲しくて、自分は金を出して、やることをやってもらう。売春売春って言うけど、互いによければ誰に何か言われるものじゃない。別に値切らないし」。3日前も来て、1万5000円で22歳の女の子とホテルに行った。「その金であの子もホスト行くんでしょ」

彼らに共通していたのは、買うこと自体は「怖くない」ということだった。後ろめたさは少なからずあるようだが、性病への感染や女性とトラブルになるといったリスクは考えていなかった。いずれも、どこにでもいそうな男性だった。

彼女たちの人間関係

路上に立っているとき、女の子たちは単独行動だが、話を聞いていると、別の子と仲良くなったり、仲良しグループを作ったりすることもあると分かってきた。1人で黙々と立つ子もいるが、長く続けるほど人間関係ができてくるようだ。相談室にも、誰かと連れだって来る子が多い。

ユズとモモは、ネットカフェの個室をシェアして暮らしていたし、ユズはその前のある時期、別の子と暮らしていた。メグ（29歳）とヨウコ（34歳）は10年以上の「連れ」で、「お互いのヤバい過去も知ってるし、会わない時期もあったけど、なんだかんだ一緒にいるよね」と言い合える仲だ。2人は連れ立ってホストクラブに行き、街角のベンチで酒を飲む。

彼女たちは、相手が困っていれば金を貸し、稼げる風俗店を紹介する。こうした緩やかなつながりは、生きるための術でもある。料金が安いネットカフェはどこか、手当たり次第に金を借りているのは誰か、いなくなったはずのあの子が歌舞伎町に戻ってきた、警察の取り締まりがあって何人かが連れて行かれた、気をつけな――。そんな話が、あっという間にネットワークを駆けめぐる。

その一方で、同じホストをめぐる色恋沙汰や金銭トラブルもしょっちゅうだ。些細なもめごとで仲たがいすると、そのもめごとの中身もすぐに広まっていく。不安定な暮らしを続ける彼女たちの関係は薄く、もろい。

サユリは最近、そんな人間関係が少し面倒になり、この街から距離を置いた。北関東の実家を17歳で出てきて4年になる。私が出会った頃はユズと仲が良く、互いに「相棒」と呼び合っていた。

「あたしも人のこと言えないけど、みんなめっちゃ口が軽い。一緒にいて楽しいときもあるし、ずっと1人でいると気持ちが落ちるけど、一緒にいると正直疲れるんだよね。だから、一部の子以外とはあまりつるまないようにしてる」

明るい子だが、深い人間関係を築くのは「苦手」と言う。

この街に出てきたのは、家族との関係がぎくしゃくしていたからだった。中学生の頃、父親に暴力癖があり、殴られた母親は、娘に暴力の矛先を向けた。両親は離婚し、母親が新しい彼氏を連れてきた。その「新しいパパ」に馴染めなかった。貧しかったから、中学を出るとアルバイトを掛け持ちし、家にも金を入れた。「じゃないと、住まわせてもらえなかったから」。それが売春に走るきっかけにもなった。

母親との関係は、かつてほど悪くはない。「嫌いになりきれないよ。親だからさ」。具合が悪くなったときや、自殺未遂を疑われて駅で保護された時は、実家から車で迎えに来てくれた。2023年の元日、「今年こそホストから卒業しろよ！」というラインが届いた。

「自分で言うのもなんだけど、どんな親だよ……。そんな母親だから、帰りたくても、ためらっちゃうんだ」

彼女たちを見ていると、親との関係もさまざまだった。虐待や不和から関係が断絶したり、幼少期から親元で育てられなかったりした女性もいたが、親と仲のいい子も珍しくない。しばらく姿を見ないと思っていたら、「ちょっと実家に帰っていた」ということもある。

カホ（34歳）もそんな一人だ。生活保護を受けてアパートでひとり暮らしをし、2年前から路上売春をしている。東海地方の実家からは時折、食料品が送られてくるし、年に一度は帰省する。「（売春は）親は知らないはず。何してると思っているか？ うーん、何もしてないと思ってるんじゃないかな。数日間の帰省はするけど、「もう実家には戻ってくるな」って言われてる。両親との仲はいいよ」と言う。

ユズもしょっちゅう母親とライン電話で話をしている。「言ったことはないけど、売りをやってるのはたぶん気づいていると思う。注意をされたこと？ それはないかな」。年に何度か帰省し、「お母さんがディズニー行きたいから今度、東京来るって」と、楽しみにしていることもあった。上京して、娘は家もなく路上で身を売って暮らしていると知ったら、親はどう思うのだろうと気になったが、本人は「分かんない。気にしないんじゃないかな」と答えるだけだった。

彼女たちの日々の生活や人間関係は、聞いていても、すんなり理解できないことがしばしばあった。娘が何で生計を立てているか、どこに住んでいるか、親は気にしないのだろうか。売春をしていると親に知られても、彼女たちは後ろめたくないのだろうか――。想像が及ばない話に接し、だからこそ私は、この街に通い続けた。路上や相談室には「新顔」の女性が次々にやって来た。中には話をしてくれる女の子もいたが、夜の街に立つ理由はさまざまだったし、家庭環境や生い立ちも違っていた。

彼女たちを一言で語ることなどできないと、私は思うようになった。

戦後生まれの歌舞伎町

歌舞伎町における路上売春は「昔から知られてきた」と書いた。実際にはいつ頃から始まったのだろうか。この街の歴史を簡単にたどってみたい。

今でこそ歌舞伎町は全国的に知られているが、この街が誕生したのは戦後のことだ。

新宿の起源は、江戸時代に甲州街道沿いにできた宿場町「内藤新宿」にある。新宿駅も、開業した1885(明治18)年当時は「内藤新宿駅」といった。蒸気機関車がまき散らす煤《すす》を嫌った地元の意向で、町外れの林を切り開いて造られた。後に歌舞伎町となる駅の東側は、完全に郊外だった。

　昭和に入っても、それは変わらなかった。歌舞伎町は南側（現在の1丁目）が角筈《つのはず》、北側（2丁目）は西大久保、東大久保という町名で呼ばれた。一帯は雑木林が残る閑静な高級住宅地で、今ではゴジラのモニュメントで知られる東宝ビルが建つ場所には、東京府立第五高等女学校があった。

　こうした歴史を教えてくれたのは、新宿区の元職員で、区立新宿歴史博物館の元館長でもある橋口敏男さん（68歳）だ。

「戦前から残っているのは、都立大久保病院くらいじゃないでしょうか。今は、その周囲に売春をする女性たちが立っていますね。大久保病院の前身は「避病院《ひびょういん》」といって、伝染病の患者を収容する隔離施設でした。かつては歌舞伎町どころか新宿が、それくらい郊外という位置づけだったんです」

　橋口さんは2016年から1年間、区や地元商店街組合、町内会などでつくる一般社団法人「歌舞伎町タウン・マネージメント」の事務局長を務めた。プライベートでも、新宿を歩き回って歴史を調べ続けた。定年後に居を構えた関東近郊の町を訪ねると、何時間も楽しそうに昔の話をしてくれた。

「「歌舞伎町」という地名は、空襲で焼け野原になった一帯の戦後復興の中で生まれました。当時の町会長が策定を担った復興計画に、女学校の跡地に大規模な歌舞伎劇場を建てるという案があったのです。新たな文化の発信地として、この時に町名も一新されたんですね」

こうして1948（昭和23）年4月、歌舞伎町は誕生したものの、歌舞伎劇場の建設は見送られた。戦後すぐの税制や建築資材の高騰が理由だった。52年には、地元の熱心な誘致活動により、西武新宿駅が開業。56年には新宿コマ劇場が開館し、この一帯は一大歓楽街へと変貌していった。

性風俗のきっかけは売春防止法

歌舞伎町で性風俗産業が発展するきっかけは、皮肉にも1958年に全面施行された売春防止法にあった。

新宿の始まりとなった内藤新宿が、甲州街道の宿場町として認可を受けたのは、江戸時代の1698（元禄11）年だ。場所は、現在の新宿御苑の北側、新宿1、2丁目に当たる。橋口さんによると、宿場には開設初期から、女性を集めた新宿遊郭があったという。この地にあった色街は、戦後になると赤線（事実上公認の売春エリア）として栄えた。

現在、多くのゲイバーがある新宿2丁目の一角に成覚寺《じょうかくじ》という浄土宗の寺院がある。かつてこの寺は、新宿遊郭で亡くなった、身寄りのない遊女を葬る投げ込み寺だった。1860（万延元）年に建てられた子供合埋碑《ごうまいひ》が、いまも境内に残っている。生い茂る木の下で苔生《む》した、小さな墓碑だ。

「この碑は、遊女がいた旅籠《はたご》の人たちが協力して建てたものです」と、25世住職の石川秀道《いしかわしゅうどう》さん（76歳）は言う。区が建てた案内板や石川さんによると、碑に記された「子供」とは遊女のことで、貧しい家庭の出身だったり、身寄りがなかったりして、借金のカタに売られた女性たちだった。ご法度だった売春も、宿場では黙認されていた。働く女性たちは、「宿場に仕える人」という意味を込めて「飯盛女《めしもりおんな》」と呼ばれ、亡くなると成覚寺に葬られた。

寺の過去帳には、1776（安永5）年から1872（明治5）年までに217人の名前が記されている。「戒名をつけずにこっそり埋葬したケースも考えると、もっといたでしょう」。大半は16〜23歳だという。

新宿遊郭は、明治維新後も色街であり続け、戦後は赤線となる。GHQ（連合国軍総司令部）によって公娼廃止の指令が出された1946（昭和21）年から、売春防止法が施行された1957（昭和32）年まで、この区域は売春が半ば公認されていた。

1955年に労働省（現・厚生労働省）婦人少年局がまとめた「赤線区域調査報告書」には、新宿の赤線には51年当時で78の業者（店）があり、480人の女性が働いていたと記録されている。

当時、売春をしていた女性の多くは、生活苦のためだった。売春女性166人に対して労働省が1954年に聞いた調査から、その実態の一端が分かる。調査対象となったのは赤線、青線のほか、連合国軍の基地周辺で働く女性たちだ。

調査結果によると、「経済的な理由」を挙げたのが7割で、9割が売春をすることに否定的だったという。「自分の姉妹が同じ仕事をするとしたら賛成か」という問いには、8割（132人）が反対し、「賛成する」と答えたのは4％（7人）だった。

片親もしくは両親を亡くしていた女性は7割に及んだ。戦災や火災を経験したり、大陸から引き揚げてきたりした女性も多かった。女性が働いて稼ぐこと自体が、今よりずっと難しい時代だった。売春は、生きていくためにやむをえない手段だったことが窺える。

こうした中で1958年4月に売春防止法の罰則が施行され、赤線は姿を消したとされる。58年度の「厚生白書」には、「四万の売春関係業者それに一〇万有余の従業婦はすべて姿を消すことになり」と記された。

しかし、売春を生業にした女性が消えたわけではなかった。歌舞伎町商店街振興組合が2009年に発行した『歌舞伎町の60年』には、新宿の赤線を追われた人たちのその後が記されている。

実態は違っていた。赤線地帯にいた業者や娼婦たちが売春を禁止されたことで、歌舞伎町区域に流れ込んできたのである。しかも法律上、売春や赤線地帯もなくなっただけに、かえって無法状態として歌舞伎町で売春行為が繰り広げられることになったのである。この法律の施行をきっかけとして、歌舞伎町の実情は大きく変化することになった。

売春が禁止されて仕事を失った業者や女性たちの中には、バーやキャバレー、飲み屋で働くようになった者もいた。しかし、場所を移して売春を続けた者もいた。新宿通り沿いの紀伊國屋書店新宿本店、伊勢丹新宿店、新宿マルイ本館が名を連ねる「新宿大通商店街」の振興組合が1977年に発行した記念誌『新宿大通り二八〇年』には、こうある。

二百六十年前のこの大通りが生まれたそもそものきっかけが旅宿による売春であった（…）しかしながら、この売春防止法が与えた影響は、またその後の新宿に大きな宿題を残したことも事実である。この時期を境目にして、新宿へやってくる客層は、新たな歓楽を求めて歌舞伎町へ向けて流れていくようになるからである。

戦後の混乱期に誕生した歌舞伎町には、彼女たちを受け入れる素地があった。敗戦から2年後の1947年には進駐軍兵士のための慰安施設が設置され、今で言うラブホテルのような連れ込み宿が次々とできた。いわゆる青線（非公認の売春エリア）で、既に風俗街になっていた。『新宿区史』（1955年版）をひもとくと、48年頃から旅館や洋風建築のホテルが軒を連ね始め、「数十軒までは無いかも知れぬが、そもそも非合法の営業でありその実態を把握し難いのは止むを得ない」と書かれている。

こうした中で、1958年に全面施行されたのが売春防止法だった。赤線で働いていた女性たちの一部が流れ込んできたことで、歌舞伎町は性風俗産業を抱えていくことになる。

街の繁栄とともに

繁華街として急速に発展した新宿で、性風俗産業がにわかに盛んになった時期がある。

1998年発行の『新宿区史』によれば、それは1980年代だった。

1980年代に入ってすぐ、「ノーパン喫茶が出現。あっという間に70軒ほどになった。それに代わってのぞき劇場が進出するようになった」と、区史にはある。当時は、のぞき劇場を規制する権限が行政にはなく、苦肉の策で建築基準法を持ち出し、建物の使用禁止を言い渡したという。82年6月の区議会では、「ポルノショップ、個室ヌードが急増し個室付浴場（トルコ風呂）などとともに周辺の環境に著しい悪影響を与えており、商品化された性のはん濫は青少年や明るい地域づくりの健全育成の大きな障害になっている」と、増え続けるポルノ産業を問題視している。

1984年、新聞各紙はこぞって歌舞伎町を「怖い街」と報じた。

「若者の街と言われた新宿も、昨今はピンクのイメージに塗りつぶされ」（2月8日付「朝日新聞」）。「家族連れや若い娘さんが遠回りする町になってしまった」（2月10日付「東京新聞」）。「歌舞伎町におけるポルノ産業。（…）その浸食ぶりは恐ろしいほどだ」（3月6日付「読売新聞」）。

この頃、歌舞伎町では盛り場対策を求める署名運動が起こり、1985年の風営法改正につながった。今に至るまで、この地域では町会や商店街が何度も声を上げ、その度に行政が法律・条例の制定や改正に動き、警察は監視や取り締まりを強化するということを繰り返している。

『新宿区史』には、路上売春についての記録はほとんど見当たらない。見つけることができたのは、「大久保・百人町周辺のホテル街では1990年6月ころから外国人の女性が目立つようになり、多いときには200人を超えるほどの数に上った」という記述だ。歌舞伎町2丁目で生まれ育ち、現在も大久保公園のすぐそばで暮らす新宿区議の下村治生《はるお》さん（70歳）は、「昔は路上に立っているのは外国人だった」と話す。

新大久保は、都内屈指のコリアンタウンとして知られるが、かつての大久保地区は、各国からやって来た売春女性が集まるエリアでもあった。タイやフィリピン、マレーシア、ブラジル、コロンビアなどの女性たちが通行人に声をかけ、近くのホテルで売春をしていたという。1992年6月18日付「毎日新聞」は、周辺のラブホテル経営者が、売春に使う外国人女性の入店を断る張り紙を一斉に掲げたと報じている。

「ラブホテル街には、三年ほど前から外国人売春婦が目立つようになった。コロンビア人やタイ人。その数は百人を超える」。日本に行けば稼げると甘い言葉で彼女らを連れてくるブローカーが横行し、女性たちはパスポートを取り上げられ売春させられていると、この記事は指摘している。

1990年代半ば、こうした外国人女性は一斉に摘発の対象となり、徐々に姿を消していく。入れ替わるように集まってきたのが、日本人女性だった。

昭和から平成へ

歌舞伎町が誕生してから、まもなく80年となる。街は、時代を反映しながら発展を遂げてきた。歓楽街として人々にさまざまな娯楽を提供してきた一方、違法行為がはびこり続けた街でもある。

前出の橋口さんは、「2000年ごろまで歌舞伎町2丁目は、歩けたもんじゃなかった」と振り返る。

「当時、大久保公園は薬物売買の場所と言われ、暴力団員がいたるところにいた。（歌舞伎町1丁目と2丁目の境界にある）花道通りは、今より道幅が広かったが、組員が乗った黒塗りの車がずらっと並んで、一般人は昼間も近づかなかった」

1990年代、暴力団や中国マフィアによる抗争や凶悪事件が多発した。94年には警視庁が歌舞伎町に特化した対策本部を設置し、3ヵ月にわたって「環境浄化作戦」に乗り出すほどだった。捜査員らは片っ端から風俗店や飲食店に立ち入り調査をし、薬物や不法滞在、違法営業を見つければ、徹底的に検挙した。外国人売春婦は一斉に姿を消した。

昭和から平成へと変わった頃、若い世代の売春は「デートクラブ」「テレフォンクラブ」として社会問題化していた。区議の下村さんは、「公衆電話のボックス内には、あふれんばかりにピンクチラシが積み上がっていた。清掃に回ると、あっという間に、いくつものゴミ袋がいっぱいになった」と話す。

51歳になるアキエは当時のことをよく覚えている。15歳のときから歌舞伎町に入り浸り、今も路上に立つ。

「あの頃はテレクラだよね。若かったし、今よりずっと遊ぶお金持ってる人も多かったからね。喫茶店で待ち合わせて、ホテル行って1回で3、4万円取ってたよ。今じゃ1万円でも行ってくれねえのに」とあけすけに語る。

ポケットベルや携帯電話が普及し、90年代半ばになると、若い世代の間で、性風俗店を介さない個人同士の売買春が増えていった。渋谷や新宿のゲームセンターのコルクボードには、電話番号を書いた顔写真シールがびっしりと貼られた。「援助交際」が流行語となり、女子高生の補導が相次いだ。カジュアルに性を売ることができるようになった。

1990年代後半にインターネットが急速に普及し、出会い系掲示板が登場するまで、テレクラは売春の温床であり続けた。

21世紀の「浄化作戦」

アキエが売春の客を路上に求めたのは、2000年頃だった。「大久保公園の周りは、すでに立ちんぼスポットになってたね。この歳までやるとは思わなかったけど、こんなあたしでも、まだ買おうっていう人がいるからね」

彼女は都内で生まれ育った。早くに父親が亡くなり、母親は新しい男を連れてきた。それが嫌でグレた。15歳を過ぎた頃に警察に捕まり、少年鑑別所を経て女子少年院に入り、成人するまで自立支援施設で暮らした。その施設を飛び出し、歌舞伎町でテレクラ売春に戻った。

路上売春を始めたのは30歳近くなってからだが、当時の雰囲気は「今よりずっと荒れていた」と言う。

「暴力団員が普通にそこらへんを歩いていて、立っている女の子からも場所代を取っていた。みかじめ料みたいなもん。1時間に1回くらい巡回してきて、客を取ったのとかも見てるんだよ。客を1人つかまえて、例えば1万5000円だったら、5000円渡すとか。あたしはあんまり払いたくなくて拒否したこともあったけど、そうすると嫌がらせされるんだ。新しく立ち始めた子がいたら、決まって兄《にい》ちゃんが近づいて、「暗黙のルール」みたいなものを吹き込んでいた」

　なんらかのトラブルが起きたとき、暴力団員は助けになったのかを尋ねると、「そういうのはなかったと思う。ただ場所代を取るだけ」。

　今では「場所代」を求められることはない。女性同士のトラブルに首を突っ込んで金銭を要求する得体の知れない男たちはいるが、「みかじめを取る組員の存在は把握していない」と警視庁幹部も言う。アキエによると、2000年代前半にいなくなったという。地元の強い要望を受けて、東京都や警視庁が大規模な「浄化作戦」に取り組んだ頃だ。

　長年、路上に立つ女の子たちを見てきたアキエにとっても、今の歌舞伎町は少し異常だという。

「あたしが言うのもおかしいけど、やっぱりおかしいよね。昔はもっとプロっぽいというか、年齢も少し高めだったし、いかにも体を売ってますって感じの女性が多かった。今はパッと見は普通っぽい女の子が気軽にやってるでしょ。良いとか悪いとかじゃなくて。それも昔だったら4、5万円取って売れるような子が1万円ちょっとで」

　2000年代前半までは「浄化」という名目で、特定の人たちを排除する時代だった。歌舞伎町では「浄化作戦」が何度も繰り返されてきた。よく知られるのは、石原慎太郎都知事（当時）の大号令で２００４年ごろに始まった、官民一体の一大キャンペーンだ。

２０００年代、歌舞伎町をめぐる状況は毎年のように変わった。

44人が死亡する雑居ビル火災が２００１年に起き、消防は一斉立ち入り検査を実施。02年には、50台の防犯カメラが初めて街頭に設置された。大久保公園が夜間に施錠されるようになったのも、この年からだ。警視庁は03年に組織犯罪対策部を新設し、暴力団や外国人組織の取り締まりを進め、花道通りに暴力団の車が停められないようにコーンを置いた。その翌年、自民・公明両党の政調会長が視察に訪れた。新宿区は、歌舞伎町の事業者に呼びかけて協議会をつくり、その取り組みは全国的な話題となった。

２００５年にできた改正都迷惑防止条例は、特に街の風景を一変させた。路上での客引きやチラシ配りが全面禁止となった。キャッチ（客引き）が路上に集まるだけで規制対象にする厳しい内容で、地元商店街組合は「客引きが治安を悪化させていた。少しでも歩きやすい街になれば」と期待を寄せた。２０１１年には、東京都でも暴力団排除条例が施行され、大手を振って歩く暴力団員の姿は激減した。区議の下村さんは、「この20年でこのあたりは見違えるようになった」と話す。

そして２０２３年、コロナ禍が収束した歌舞伎町では、これまでにない光景が広がっている。住民として、そして区議として下村さんは言う。

「繁華街ですから、いろんな人が来られるし、いま、新たに路上売春をする女性が増えてますね。子どもたちもいるし、地元としては正直何とかしたいという気持ちはあります。でも、ここから彼女たちを排除しても、場所をどこかに移すだけですよね。根本のところを解決しないといけないのは分かっているんです」

若い女性たちが路上売春をするために集まってくるのが、2020年代の歌舞伎町だ。

遊郭で亡くなった遊女を弔う成覚寺の碑の案内板には、こう記されている。

「宿場町として栄えた新宿を陰で支えた女性達の存在と内藤新宿の歴史の一画を物語る」

なんだか少し複雑な気持ちになる。売春は「歴史の一画」という単なる過去の出来事ではない。少なくとも江戸時代の遊女の頃から150年の長きにわたり、その形と場所を変えながら連綿と続けられている。

第2章

彼女たちのリアル

歌舞伎町に立つ女性たちについては、一括りでは到底語れない。だが、この街に何度も足を運び、路上に立つ女性たちに接するなかで、何人かからは少なからず深い話を聞くことができた。そこから見えてきたのは、彼女たちの生い立ちであり、日々の姿だった。ここではユズ（25歳）、モモ（19歳）、レイ（19歳）のライフヒストリーを紹介したい。これまでどんな時間を過ごしてきたのか、この街でどんな困難に直面したのか。

1「別にずっといたいとは思わないけど」……ユズ

ネカフェ暮らし、ホスト通い

ユズに出会ったのは2021年12月だった。彼女は25歳で、歌舞伎町に来て2年がたっていた。東京では昼職に就いたことがなく、体を売って暮らしていた。無邪気で、よく冗談を言い、よく笑った。

初めて会ったのは、坂本さんが開く相談室だった。

2021年秋に開設され、しばらくすると、何人もの女の子が出入りするようになった。坂本さんが数年間をかけて路上で声をかけ、顔見知りになった女性たちだった。彼女たちは、知り合いを連れて来ることもあった。その一人がユズだった。

ユズを連れてきたのは、サユリだ。17歳のとき、この街にやって来たという。サユリは、ネットカフェで寝泊まりし、ホストクラブに通ったり、ロックバンドの追っかけをしたりしていた。路上で声をかけられて以来、坂本さんを慕っている。ユズとはその1年ほど前に知り合い、仲良くなった。

ユズが坂本さんと初めて会ったのは、サユリと2人でコンビニに行った時だ。見知らぬおじさんと仲良く話すサユリを見て、「お客さんかな」と思った。後でサユリに「誰？」と聞くと、「なんかウチらみたいな子のことを支援している人」と教えてくれた。そんな人や団体とはそれまで接点がなかったから、ふーんと思っただけだった。

やがて彼女は一人でも相談室に来るようになった。何度か顔を合わせるうち、私にも気軽に声をかけてくるようになった。もともと警戒心をあまり持たないタイプで、私が売春をとがめたり、説教したりする人ではないと分かったのだろう、会うと下ネタを飛ばし、嫌な客の愚痴をよくこぼした。

「今日の客、まじであそこがでかくて超痛かったんだけど」「ホテル入った後でいきなり「ナマでやらせて」って、すごいしつこくて」「よく見かけるおっさんがいて、知らない？さっきも話しかけられて、適当に返してたら、急におっぱい触ろうとしてきて最悪なんだけど」

　ユズの口癖の一つは「最悪」だ。路上の女性はぞんざいな扱いを受けることも多く、確かに悪態の一つもつきたくなるだろうと思う。それにしても、彼女に限らず女の子たちの仕事上の愚痴は、かなり生々しい。本気で怒っていることもあるし、冗談交じりの時もあるが、聞いていてどういう顔をすればいいのか分からないことがよくあった。

自分の値段

　ユズが売春相手に提示する金額は1万円だ。この街で路上売春をする女の子たちの相場からすると、かなり安い。どのホテルにするかは客任せで、自分では選ばない。馴染みの相手だと、1万円を切る値段で応じることもあるという。

「本当にお金がなくてやばかった時に5000円で行ったこともある。知ってる人だったし、手でするだけだったら、それでも別にいいやって。早く終わるなら正直1（万円）なくてもいい。しつこく値切ってくるのは変なやつが多いから、さすがに初めての人とはそんなことはしないけど」

　相手次第で、逆に料金を上乗せすることもあった。「さっきの客にナマでどうかって聞かれて、「じゃあ2（万円）で」って言ったら2万くれた」と、いつもと同じ口調で話してくれたこともある。「ラッキー」という響きすらあった。取材を始めた時から心がけていたことだが、私はあくまで観察者として、路上で性を売る女性たちに接しようとしていた。彼女たちの言動を否定したり説教めいたことを言ったりしないようにと思っていた。それでも、「危ないからやめときな」と、つい口を出してしまいそうになる。

性風俗店では、時間ごとのプランで値段が異なるが、路上に立つ女性たちは、1人の相手にどれくらい時間を使うか明確には決めていない。「一通りのことが終われば終わり」という場合が多く、「今日の客、全然いかなくて2時間もかかった。倍ほしいくらいだった」とこぼすこともある。

ユズはかつて基本料金を「2万円くらい」に設定していた。ところが、金額を言った途端に離れていく客が多かった。しかも、女の子の数が増えて相場は下がりぎみで、仕方なく彼女は自分の値段を少しずつ下げていった。

ある日、相談室に来ていたユズが、財布の中に1万円札が何枚あるか数えていた。いつもより明るく機嫌もいい。「景気がよさそうだな」と話しかけると、目を細めながら、「すぐに客がついて2万（円）もらったんだよね」と答えた。それとは別に、話しかけてきた年配男性から、立ったまましゃべっただけで何千円か受け取ったという。セックスをしなくても、たまにお金をくれる顔なじみがいるらしい。「そんな客ばっかりだったらいいのに」と彼女は言う。私にしてみれば、何もしないで金をくれる人こそ、動機が分からないだけに怖い。「そういう人って、何が目当てなんだろう?」と聞いてみたが、納得できる答えは返ってこなかった。

物事をあまり深く考えず、先を見据えないユズは常に金欠だった。「金がない」も口癖の一つだ。稼いだ金が貯まることはなかった。使ってしまうのだ。

ユズはしばしばため息をついた。理由はその時々で違ったが、一番多かったのは「ソラくんに会いたい」だった。彼女が入れ込んでいるホストだ。4歳下の22歳。写真を見せてもらうと、少年の雰囲気を多分に残した、きれいな顔立ちの男の子だった。スマホケースの裏側に、彼の黄色い名刺を大事そうに挟み込んでいた。明らかに「ハマっている」状態だった。けれど、彼がいる店に毎日行けるほどの金はない。一回行けば、最低でも2、3万円はかかる。ねだられてシャンパンのボトルでも入れれば5万円は下らない。だから、ため息がよくこぼれた。

といってもユズは、ただ愚痴をこぼしに相談室に来ていたわけではなかった。ほどなく、坂本さんに相談を持ちかけた。「自分の家がほしい。アパートに住みたい」。ネットカフェを転々とする暮らしに、少し疲れていた。

札幌のホスト

ユズが生まれ育ったのは、札幌から車で何時間もかかる小さな町だ。そんな話も、あまり隠さない。打ち解けてくると、相談室だけでなく、個別に会って話を聞くようになった。ある時は昼間、串カツを食べながら。別の日には中華料理屋で野菜炒めをつつきながら。彼女はいつも待ち合わせ時間にほとんど遅れずに来たし、行きたがるのは大衆店ばかりだった。何かをねだることはなかった。

ユズは歌舞伎町に来るまで、北海道から出たことがほとんどなかった。地元の高校を卒業後、運輸会社の事務職やパチンコ店、居酒屋のアルバイトをした。22歳の時、ツイッターで同世代の男性と知り合った。フォローされてプロフィールを見ると、札幌に住んでいるようだった。写真の顔も好みだった。フォローし返すと、ダイレクトメッセージが来た。

しばらくやり取りを続けていたある日、友達と札幌へ遊びに行くことになった。その男性に伝えると、「じゃあ、会おうよ」と誘われた。少しわくわくしながら会った。「おれ、ホストやってるんだ」と明かされた。「よかったら来てよ」とも。

彼のことを好きだったのか尋ねると、「よく分からない」と言う。「別にそんなんじゃなかった気がする」。ただ、自分の周りにはいないタイプだった。あか抜けていて、気さくで、話していると楽しかった。地元に帰る日を延ばし、誘われた店に行った。

初めてのホストクラブ。その時のことは「よく覚えていない」。酒が好きなわけではなかった。誘われると断れない性格で、ほとんど金はかからないと言われて行った気がするという。ただ、通い始めると楽しかった。誰かが常に自分の隣に座り、親しげに話を聞いてくれ、愉快そうに笑ってくれた。みんなイケメンだった。そして、手持ちの金はすぐになくなった。

店にまた来てほしいと促される日が続き、ある時、仕方なく「お金ないんだよね」と打ち明けた。待っていたかのように、「じゃあ、風俗やりなよ。紹介するよ」と言われた。札幌に出てきた時に始めたアルバイトを辞め、ススキノの性風俗店で働き始めた。

「体を売るのは、最初から別にそんなに嫌じゃなかった。すぐに慣れたよ。変な客がついた時は嫌だったけど、いい人もいたし」

稼ぎのほとんどはホストクラブの支払いに消えた。1カ月だけアパートに住んだが、家賃を払えなくなり、ネットカフェで寝泊まりするようになった。「なのにそのホスト、すぐに冷たくなったからね。まじむかつく」。そのホストとは数カ月もしないうちに縁が切れたが、ホストクラブで過ごした楽しい時間は忘れられなかった。

ユズにとって札幌は、高校を出るまで大都会だった。たまに何時間もかけて遊びに行き、地元にない服屋をのぞき、人の多さに圧倒された。その札幌すら、少し物足りなくなっていた。一度は実家に戻ったが、街の小ささにため息をついた。ある日、「もっと大きな街に行きたい」と親に伝えた。その頃には、ホストなら東京の歌舞伎町が一番らしいと知っていた。

キャリーケース一つで上京

東京に来たのは、2019年の年末も押し迫り、街のあちこちに門松が置かれ始めた頃だった。荷物は、数日分の着替えを入れたキャリーケース一つだけ。向かった先は、新宿駅から私鉄に乗って数駅のところにある1軒のアパートだった。

ここでもユズはホストを頼った。札幌にいた時にツイッターで知り合った。東京への憧れを見透かされたかのように、「こっち(東京)に来なよ」と何度も誘われていた。

ホストの家はワンルームのアパートだった。部屋の隅には、食べ終わったコンビニ弁当やカップ麺の容器が転がっていた。転がり込んで3日目、「これから女が来るから」と言われた。上京して訪ねるまでは愛想がよかったのに、泊めてもらったその日、態度は一変していた。初めて会って、がっかりしたのだと思った。「はいはい、出て行けばいいんでしょ」。心の内でそうつぶやき、キャリーケースを引いて外に出た。といっても行く当てはなく、歌舞伎町に向かった。

「結局、そいつの店には行かなかった。行く間もなく部屋から追い出されたから。それからはネカフェかな。札幌ではちょっとだけアパートに住んだけど、東京に来てからはずっとネカフェ。誰かの家に何日かいることもあったけど、結局はひとんちだし。誰かとずっと一緒にいるの苦手なんだよね。気が合えばまだいいけど……」

歌舞伎町周辺には、歩いて行ける範囲でインターネットカフェが10軒以上ある。大抵は24時間パックや長期滞在が可能なプランが用意されていて、宿泊できる。上京して以降、ユズはそうしたネカフェを転々とした。ホストクラブにも通った。手っ取り早く稼ぐために、札幌の時と同じように体を売った。在籍できる風俗店を探し、誰かから教えてもらって路上売春を始めた。文字通り、その日暮らしだった。

ユズは「V（ビジュアル）系」と言われるバンドが好きだ。おとなしめのV系ファッションで、私が出会ってからも、髪の色を時々赤く染め、黒い服を好んで着ていた。「面食い」ではないと自分では言う。「格好いい人とどうにかなりたいわけじゃないんだよね。イケメンと飲むのは好きだけど、付き合えるとか別に思ってないし」。歌舞伎町でもホストに入れ込み、しばしばそのホストはバンドマンだった。

「出稼ぎ」と「裏引き」

全て売春で稼いだ。北海道ではいくつかアルバイトをしたが、東京に来てからは売春以外はしていない。地方の風俗店へ出稼ぎにも行った。新潟、愛知の岡崎、福島のいわき。1、2週間、ホテルや店の寮で寝泊まりし、客が入れば、指定されたホテルや家に出向く。交通費は、一定の出勤をこなせば出してくれる店が多かったが、出さないところもあった。そして、客が付かなければ、待ちぼうけのまま1日が終わる。

「最悪の場合は全然、客取れなくてお茶ひく日もあるよ。いつだったか北海道に出稼ぎ行った時は、4日目までで3日間はお茶ひいたから、その日で行くのやめた。そもそも、裏引かないと全然稼ぎにならないのに、店に客が来ないとそれすらできないもん」

客が付かず暇な状態でいることを「お茶を挽《ひ》く」という。江戸時代からの慣用句で、遊郭で客が付かずに暇を持て余した芸者や遊女がお茶を挽く以外、何も仕事がなかったことから来ている。今でも使われているが、私は彼女たちから聞くまでこの言葉を知らなかった。

「裏引き」とは、店で接客した相手と、その店を通さず、こっそり会うことだ。連絡先を交換し、次からは個別に会う。風俗業界では、風俗店と女の子の取り分は「四分六」が基本とされる。客が払った料金のうち4割を店が取り、6割が女性の手元に入る。ところが、店を介さず、客と直接やり取りをすれば、正規料金より値段を下げても、店の取り分がない分、彼女たちの実入りは増え、しかも、待ち時間がない。客からすれば安く済む。当然、店は禁じているが、密室でのやり取り全てを監視することはできないから、横行する。

もっとも、リスクもある。都内のある風俗店経営者は、「店にとっては、たまったもんじゃない。ソープでもデリヘルでも、業態を問わずバレればペナルティーを科す店が大半です。店を介さないと、金額設定や支払いをめぐってトラブルになっても、女の子を守る人はいないし、個別に会った途端に豹変して無茶な要求をする客もいますからね。最悪の場合、事件に発展しますよ」と言う。それでも、稼ぎが優先なのだろう。地方の風俗店へ出稼ぎに行く女の子で裏引きをしない子を、私は知らない。

ユズはしばしば地方へ短期出張に行き、まとまった金を稼いだ。「岡崎では1週間くらいで45万円ほど稼げた。最初に裏引いたお客さんが超よくて、その後ほとんど毎日会ってた。気に入ってくれたみたいで、最後は「もっといなよ」とか言ってくれて、5万(円)くれたんだ」。思い出して、嬉しそうに話す。

千葉県の風俗店で、店の寮に入ったこともあった。ネットカフェ以外で暮らすのは久しぶりだった。でも、長くは続かなかった。居心地がよくなっていた歌舞伎町に行けなかったし、周りに友達もいなかった。そもそも、上京したのは稼ぐためではなく、ホストクラブに行くためだった。歌舞伎町に戻ると、また知り合いの家やネットカフェを転々とした。

介護施設に就職

ユズはいつも「体が痛い」と言っていた。首だったり、背中だったり。「ネカフェの個室だと、体を伸ばして寝られないんだよね。誰かとシェアしていることもあるし、荷物あるし」。店によって料金体系は違うが、割安な店ではその代わり、シャワーや洗濯機を使う際に追加で数百円が必要だった。

歌舞伎町で売春をして暮らす女の子たちの中で、ユズのようにネットカフェを転々とする子は少なくない。24時間パックの場合、料金はおおむね4000円前後。あてがわれるのは、窮屈な個室だ。しかも、物価高のあおりを受けて、料金は少しずつ上がっている。だから、眠る時間だけネットカフェにいて、それ以外は公園や街中で時間をつぶして、金を節約する女の子もいる。大抵は支払いに追われていて、毎日、次の日の滞在料を払って更新を繰り返す。1週間パックにすれば多少は割安になるが、ユズの場合、まとまった現金が手元にあればホストクラブに行ってしまう。

2022年末、ユズは「家が欲しい」としきりに口にするようになった。ネットカフェ暮らしはしんどいらしい。ネットカフェに使う金額は、1ヵ月で10万円近くになる。都内でもアパートを借りられる額だ。「アパート借りた方が安く済むのは分かってるんだけど……」と言うが、そうしない理由は自分でも分からない。先のことを考えずに過ごしているとも言えるし、日々を生きるのに精いっぱいで余裕がないとも言える。

そんなユズが坂本さんに相談をしたのは、一緒にいたサユリの姿を見ていたからだった。

年末年始を控え、ネットカフェで暮らすサユリは悩んでいた。年末はネットカフェが混み合って、満室で入れないことがある。坂本さんに相談すると、「アパートに入れて、就職先も紹介してくれる制度がある。やってみる？」と教えてくれた。東京都の支援制度だった。「なにそれ、やる」とサユリは言った。

複数のプログラムがあるが、彼女が利用することにしたのは、都が用意したアパートに期間限定で住むことができ、その間に職探しや自立に向けた準備をする「ＴＯＫＹＯチャレンジネット」という制度だった。対象は「家がない人」で、性別や年齢は問わない。生活保護受給者は対象外だ。坂本さんのサポートを得て、新宿から電車で20分ほど行った郊外でアパート暮らしをすることになった。

ユズはいつもサユリと一緒にいた。けんかもしたが、同じネットカフェの個室をシェアして過ごしたこともある。その相棒が歌舞伎町から急に離れることになった。自分もアパートで暮らしたいと思っていた。「私もそれ、やりたい」と坂本さんに言った。

ユズの申し出を、坂本さんは喜んだ。「あの子はおっとりしているし、ボーっとしているところもあるけど、話がきちんとできる。ユーモアもあるし、気持ちさえあれば歌舞伎町を出ても、体を売らずにやっていける」と思っていた。だから、サユリが使ったのとは別のプログラムを提案した。

東京都の支援制度の一つで、最も初歩的な介護の資格「介護職初任者研修」の講座を無料で受けられ、受講中は都が借り上げたアパートに住むことができるというものだった。就職先の紹介もしてくれ、講座終了後1年以内に介護職として半年以上働けば、貸し付けられた住居費や生活資金の返済が免除される。条件さえクリアすれば、タダで住まいと仕事が手に入る。

気がかりは、介護職をやりたいと思えるかだったが、ユズは「全然嫌じゃない」と言った。「おじいちゃんとか好きだし」。やってみるかと問われ、大きくうなずいた。坂本さんは早速、窓口に電話をして面談の機会を設けてくれるよう頼み、日時が決まると、ユズに念を押して伝えた。

話はトントン拍子に進んだ。ユズはサボらず講習に通い、年が明けて2月半ばには見事、介護の資格も取った。年末年始には間に合わなかったが、住むアパートも決まった。山手線のターミナル駅から私鉄で数駅行ったワンルーム。リフォームしたばかりで、バス・トイレ別のきれいな部屋だった。冷蔵庫や洗濯機は備え付けられている。彼女が2年以上、寝泊まりしたネットカフェの狭い個室とは大違いだった。

坂本さんは、日用品や収納棚といった、新生活に必要なものを差し入れた。大きなキャリーケースに収まり切らなかった荷物を運んであげ、自炊ができるように台所周りを整えた。「私が支援してきた女の子の中で、一番くらい、すごく順調に自立に向けて歩んでいます。あとは早く新生活に慣れて、歌舞伎町から離れてくれればいいんですけどね」と言い、ユズを励ました。

この頃のユズは、明らかにはしゃいでいた。「こんないい部屋、自分で借りてもいいから、ずっと住みたい」と言い、自炊をしたと誇らしげに周囲に話した。3月に入ると、都の斡旋で職場も決まった。新宿からもさほど遠くないところにある介護施設だ。認知症の高齢者が主に入所していた。4月、ユズは晴れて就職した。給料は手取りで十数万円。ホストクラブに行く余裕は、経済的にも時間的にもなくなった。それでも、「住む家があって、安定した仕事がある方がいい」と言った。給料を振り込む口座や身分証の提出、必要書類の記入は、坂本さんたちが手伝った。言われた通りに通帳やマイナンバーカードを用意したユズは、「給料出たら、お父さんにも何か買ってあげようかな」と嬉しそうに笑った。

だが、ほどなくその仕事を辞めた。

3週間で逆戻り

初めての勤務を終えた後、彼女は明るかった。「仕事は楽しいかも」と言い、介護で接したおじいちゃんが可愛かったと語った。彼女を見守ってきた人たちはみな、「よかったねえ」と喜んだ。しかし何日か後、ユズの表情は明らかに暗くなっていた。初めてペアを組んだ先輩の女性職員から、きつい口調で注意を受けたらしい。

「すぐに怒鳴るんだよね。そんなキーキー言わなくても分かるのにさ。嫌みな感じで「そんなボサっとしてないで」とかさ。あの人……無理なんだけど」

毎回ではないが、シフトによってはその人とまたペアを組むことになるという。顔をしかめるユズに、坂本さんが「上の人に言って、その人と組まないようにしてもらったら？」と言ったが、彼女はあいまいな返事をするだけだった。

就職から10日ほどすると連絡が来なくなり、心配した坂本さんは「大丈夫か？」とラインを送った。すると、「退職したい」と返ってきた。何度かなだめたり励ましたりしたが、だめだった。勤めたのは20日に満たなかった。

「どうしてもその人が嫌だった」と言った。少し後ろめたい気持ちもあったようで、「別に介護の仕事が嫌だったわけじゃない。仕事は楽しかった。その人がいないところだったら働いてもいい」と付け加えた。それを聞いた坂本さんはもう一度都の支援窓口に頼み、次の就職先を紹介してもらった。今度も都内の老人ホームだった。施設の責任者との顔合わせを兼ねた最初の出勤日は、5月に入ってすぐの日に決まった。

だが、ユズは行かなかった。「もうその時には出稼ぎ入れちゃってたから」。新潟の風俗店に2週間ほど働きに行く予定を立てていた。再就職は破談になった。「だって、お金ないんだもん。そんな後から5月に来てとか言われても」と頬《ほお》を膨らませた。

ユズは介護の仕事が嫌だったのか、それとも、歌舞伎町で遊べないのが嫌だったのか。誰が何を聞いても、伏し目がちに「別に嫌だったわけじゃないけど……」「ホスト行けないのは別によかったんだけど……」と言うだけで、それ以上の言葉はなかった。坂本さんも周囲のボランティアたちも、黙って聞くしかなかった。

坂本さんは、介護職で働こうとする気持ちがまだあるのか確かめようとした。働く気がなければ、都の支援プログラムから離脱することになる。アパートも退去しなければならない。5月半ばになり、都の支援窓口から坂本さんに、「(ユズと)連絡が取れなくて困っている」という電話があった。「少し待ってあげてほしい」と頭を下げた。

結局、5月末にユズはアパートから出ることになった。「自分で金払うから出たくない」と最後まで難色を示したが、どうしようもなかった。上京して初めて得た自分の家。住んだのは2カ月に満たなかった。

戻ったのは、歌舞伎町だった。

再びホスト通い

再びネットカフェを転々とした。「ホスト行けないのは別によかった」と言っていたが、新潟での出稼ぎで得た20万円は、東京に戻ると、ホストクラブの掛けの支払いに消えた。6月になると、しばらく遠ざかっていた相談室に来るようになり、「今度、ソラくんの店で3店合同のイベントがあるんだよね。行きたいけど、金がないんだよね」と、入れ込むホストの名を口にし続けていた。

都の支援プログラムは、6カ月以上、介護職として働くことで、貸し付けられた住宅費の返済が免除される決まりだ。1カ月にも満たなかったユズには弁済が発生するはずだが、そのことは頭にない様子だった。以前と同じように路上に立ち、週末になると相談室に来て菓子をつまみ、友達と冗談を言い合っていた。

しばらくして、思いも寄らぬトラブルを抱えて相談室にやってきた。少し仲良くなった売春仲間の女性のアパートに何日か泊めてもらったところ、滞在費として5万円を請求されたという。ユズはボソボソと、「5日間くらいいただけなのに……荷物も置いてあるでしょって言われて。後からそんなの言われるなら、泊まらなかったし」とつぶやいた。その女性が相談した相手というのが、素性のよく分からない男で、その人物からも支払いを促されるようになり、困り切っていた。

女性たちの悩みや相談に耳を傾け、手を差し伸べる坂本さんだが、借金の肩代わりをすることはない。やむを得ないときに、その日の宿代や食事代として最低限の金額を貸すことはあるが、無条件に彼女たちに現金を渡すことが支援だとは思っていない。

ただ、混乱しているユズの話を聞き、何ができるかを一緒に考えることはできる。坂本さんは、「警察に行くか？　それとも金額を交渉して、いくらだったら払うって言うか。話すなら、きちんと本人としゃべった方がいいんじゃないのか」と言った。

結局、いくらか支払うことで落ち着いたようだが、こうしたトラブルもあって、ユズは歌舞伎町に居づらくなっていた。「実家、帰ろうかな」と言い、新宿を離れて池袋のネットカフェに泊まる日もあった。

坂本さんはそんなユズを見て、「今度こそ、この街から離れるいい機会」だと思った。

懇意にしている女性支援NPOに頼んで、社宅付の介護職を紹介してもらい、ユズに持ちかけた。煮え切らない態度を見ると、今度は実家に帰るように促し、別の団体が女性支援のために使っているシェルター（一時避難施設）を彼女に紹介した。

ユズは結局、そのシェルターに身を寄せることになった。だが、「一時的な避難」という感覚がなかった。門限を守らず、自室のエアコンや電気を点けたまま出かけ、シェルターのスタッフを困惑させた。行き先は池袋や歌舞伎町だった。

スタッフからそんな報告が寄せられると、坂本さんは平謝りした。何とかユズに「歌舞伎町に行かない生活」を定着させたかった。

ユズは1週間ほどでそのシェルターを出たが、今度は連絡が取れなくなった。坂本さんが送ったラインに返事はなく、電話にも出なかった。歌舞伎町で目にしたという情報はあったが、本人が相談室に顔を出すことはなかった。

「悪いことをしたとは思っているのでしょう。後ろめたいというかね。怒られると思っているのか分からないですけど、「何が嫌だったの」と聞かれても答えられないでしょうし、面倒から目を背けているのかもしれませんね」。坂本さんは、仕方ないといった口調で言った。

何週間かして坂本さんは、ユズが昼間に歌舞伎町を歩いているのを偶然見つけ、声をかけた。ユズは少しばつの悪そうな顔をしたが、それをきっかけに、また相談室に来るようになった。やはり歌舞伎町から離れられなかったのだ。

「残念ですけどね。一度は就職するところまで行ったので。彼女から来なければ、過剰に干渉してもしょうがないですが、突き放してしまったら、もう頼れなくなる。いつかまた彼女がここから抜け出したいと思って話しに来たら、やっぱり手助けしてやりたいですしね」

そう言って坂本さんは、以前と変わらず見守り続けた。

その後もユズはネットカフェを渡り歩き、警察の取り締まりにびくつきながら路上に立った。ホストクラブ通いも変わらなかった。大きな転機を迎えたのは、上京から3年余りがたち、2023年3月になってからだ。それは、本人さえも予期せぬ出来事がきっかけだった。

2 「私はね、家族が欲しかったんだ」……モモ

初めて迎えた歌舞伎町の冬

肌を刺すような風が吹いていた。

大久保公園周辺にやってくる女性が増え、公園の南側に建つ複合ビル「ハイジア」脇の路上でも、その姿は徐々に目立つようになっていた。18階建て、高さ80メートルのこのビルの周囲は、ひときわ風が強く感じられる。

2023年2月、使い捨てカイロがたっぷり入ったバッグを提げた坂本さんと見回りに出ると、1人の女の子が行き倒れたように道端でうずくまっていた。19歳のモモだ。長い前髪は乱れ、うつむきがちな顔に覆いかぶさっているが、気にする素振りもない。近づいてきた私たちに気づいたが、すぐに目を落とした。両手でひざを抱えたまま、動く元気もないように見えた。

「おーい、大丈夫か？　部屋でちょっと休んでいったらいいんじゃない。温かいものでも飲んで。しんどそうだぞ」。坂本さんが話しかけても、「うーん」と力なく答えるだけだ。

この日、坂本さんは相談室を開けていた。見回り中には、留守番のボランティアがいる。モモはこの頃、相談室に時折顔を出していたから、場所は知っている。

モモが歌舞伎町に来たのは2022年6月だ。私が初めて見たのは、それから半年後、場所は大久保公園の脇だった。道に立つユズを見つけて話しかけた年末の夜、その隣にいた。ガードレールに寄りかかりながら2人でしゃべっていたが、私がユズに声をかけると、サッと目線を外して遠くに向けた。ユズに客が付いたから邪魔をするまいと思ったのだろう。

だが、私たちがそのまま他愛もない話をしていると、少し驚いた様子でこちらに顔を向けた。ユズが慣れた口調で話す様子を見て警戒心を解いたのか、目をぱちくりさせて興味深そうにしている。

「お姉さんは初めて会うよね」と声をかけると、「うん、私は半年前に歌舞伎(町)に来たんだ」と口を開いた。根は人懐っこい性格らしい。ユズが紹介するように「今は一緒に住んでるんだ」と言うと、「そうなの」と隣で笑った。

ただ、その時から少し疲れた様子だった。それに寒そうだった。真冬でも、路上に立つ女性たちの多くは薄着だ。ダウンを着ている子はほとんどいないし、スカートが多い。モモは薄手のコートを羽織ってはいたが、膝下は素足で、夏用とおぼしきサンダルを履いていた。

ネットカフェに寝泊まりしている女性たちは、それほど多くの荷物を持てない。個室は狭く、コインロッカーに預けるにも金がかかる。少ない服を着回している子が多く、厚手の冬服を持たないのは、薄着が「商売だから」という理由だけではない。

ユズの相方だというモモに、「坂本さんのところには顔を出しているの？」と尋ねた。「なにそれ、知らない」と言う。この日は木曜日で開いてなかったが、「坂本さんという人が、近くで週末に相談室を開いているんだよ。今日はやってないけど、トイレもあるし、休むこともできるから、一度行ってみなよ」と伝え、その場を離れた。

後日、モモはユズに連れられて相談室に来た。以来、たまに顔を出すようになった。

モモはよくしゃべった。相談室には、友達と連れ立ってくる女の子が多い。1人で来る子もいるが、他の子と打ち解けて話をすることはあまりない。モモは、1人で来ても、ものおじせずに他の女の子たちに話しかけた。新しい服を着てきたときには「これ、どう？」と尋ね、ほかの子の服を見ては「いいね、それ」と話しかけた。

ところが、冬の路上でうずくまっていたモモは明らかに元気がなかった。座り込んでいては客も付かないと思うが、か細い声で「足が痛くて」と言った。相変わらず素足をさらし、足元はむくんでいる。さすりながら、「ずっと立ち続けていたからだと思うけど、なんか痛すぎて、立てなくなっちゃった」とつらそうだ。

坂本さんは相談室で少し休むように勧めたが、彼女は首を振った。

「いまはいい。もうちょっとやらなきゃ。稼がないと本当にお金ないんだ。もう少しで更新の時間だし、今夜のネカフェ代くらい稼がなきゃ」。そう言って、ゆっくり立ち上がった。

ユズとの個室シェアは、すでに解消していた。そういえば、少し前にユズは「なんか一緒にいるのがだんだん面倒になっちゃって。私のことにいろいろ口を挟んでくるんだもん」と言っていた。

2畳あるかないかの狭い空間で寝食を共にするには、よほど気の合う相手でないと、どこかで関係はこじれる。出費を抑えるために2人部屋をシェアする女の子はよくいるが、生活リズムの違いや折半の約束だった料金の支払いをめぐって揉めることも多い。

モモとユズの場合、モモがユズの分のネットカフェの代金を支払うことがたまにあった。モモはそのことをとやかく言わなかった。ユズにしてみれば、自分に意見をしてくるモモが少しうっとうしかっただけでなく、後ろめたさもあったのかもしれない。いずれにしてもモモは、以前より割高になったネットカフェ代を自分で支払わなければならなかった。

初めて迎えた冬は、その身をむしばんでいた。

「家みたい」なホストクラブ

モモが常に金欠だったのは、ホストクラブに通い続けていたからだ。ユズと同じで、この街に来たのも、目当てのホストに会うためだった。

彼女が初めてそのホストを目にしたのは、スマホに映る姿だった。ある日、TikTokを見ていたら、1本の動画が目にとまった。ホストが店内で酒を飲み、カメラに向かって何かをしゃべる他愛のない動画だった。ところがモモは、この投稿動画を初めて見た日を正確に覚えている。

「それが私にとって最初の日だったから。もうすぐ出会ってから1周年の記念日なんだ」

「出会い」や「記念日」という言い方に小さな違和感を覚えたが、彼女にとっては大事な日なのだろう。モモはこの動画を、自分が持っていた複数のアカウントのうち、「病んでいる方」で見つけた。ネガティブな心情を発信する「病み垢（病みアカウント）」だ。

一般的に、病み垢の持ち主は自分に自信がなく、容姿や境遇について不満をほのめかす。SNS上で似た者同士でつながり合い、互いの発信を見たり、時には直接メッセージのやり取りをしたりして、ささやかな安息を得る。それによって承認欲求を満たそうとしているとも言える。自分の話を誰かに聞いてほしく、「そんなことないよ」と言ってくれることを、心のどこかで望んでいるのだろう。

この手の病み垢は、ホストに狙われやすい。ささやかな承認欲求を満たしてあげれば、自分に近寄ってくるだろうと思われているからだ。ホストにハマりそうな女の子をSNS

上で探し、病み垢をターゲットにしてアプローチをかけるホストやスカウトも、歌舞伎町にはいる。

モモは動画を見て、そのホストをフォローした。「なんか楽しそうだったから」。何度もその動画を見返した。相手にもすぐにフォローされ、メッセージが送られてきた。2022年3月、彼女が高校を卒業した直後のことだ。

そこからモモは、一度も行ったことのないホストクラブに惹かれていく。

4月に入り、働き始めた。職場は、少し離れた隣町にある食品工場だった。コンビニやスーパーで見かけるような、パック詰めのサンドイッチを作っていた。

動画をきっかけにやり取りをするようになったホストから、「一度、うちの店に来てみなよ」と誘われた。ホストからすれば、店に来てもらえなければ、メッセージのやり取りを続ける意味がない。誘いは度々あった。就職から1カ月余りが過ぎた5月の休みの日、電車を乗り継いで、彼が在籍する歌舞伎町のホストクラブに行った。

「あんまり大きい店じゃないんだけど、それがすごくよくて。ホストさんたちもみんな仲がいいみたいで、店全体が家みたいなんだよね。店長の人とかも気軽に顔を出してくれて、私にはすごく優しくしてくれた」

その日は家に帰ったが、思いのほか楽しかった。その後もやり取りは続き、また行きたいという思いが募った。6月に入ってすぐのある日、好きなバンドのライブに行くと言って休みを取ると、東京に出て来たモモは、もう家には戻らなかった。ライブにも行ったが、本当の目当てはホストクラブだった。

こうして彼女は家を離れ、ネットカフェを転々とすることになった。ホストクラブに通い、路上に立ち続けた。

ユズもそうだったが、モモもホストとは無縁の世界を生きてきた。東京に行ったこともほとんどなかった。「それまではホストとかも聞いたことがある程度で、どんなものか全然知らなかった。私の場合、惚れたとかじゃなかったけど、すごくフレンドリーで楽しそうだなって思ったのが一番かな」と振り返る。

生まれ育ったのは、のんびりしていたが、児童養護施設という、接する人が限られた環境だった。繁華街さえ知らなかったモモが、メッセージのやり取りを通じて優しく話を聞いてくれ、きらびやかな世界に身を置く、あか抜けた男性に憧れていったとしても不思議はない。

虐待を受けた幼少期

ホストクラブに通う理由について、モモは「他の子とはちょっと違う」と言う。

「担当のホストが格好いいとか、お酒が飲みたいとかじゃなくて、私が行くその店がいいの。アットホームで、すっごく落ち着けるんだよね」

入れ込んでいるホスト目当てではなく、あくまで場の雰囲気が好きで行っていると言う。ホストクラブを「自分の家みたい」と表現する女の子は、モモだけだった。

彼女がホストクラブに通うのは、自分の生い立ちになかったものを埋めるためでもあった。

故郷の町は北関東のはずれにある。高校卒業後、しばらくの間はそこで暮らした。ただ、ユズと違って、実家というものがなかった。親兄弟と一緒に暮らした家はあるが、彼女にとってそれは「実家」と呼べるものではなかった。

モモは虐待を受けて育った。

両親と3歳上の兄の4人家族だった。物心が付いてから、何かしら暴力を受けてきた。一番古い虐待の記憶は小学2年生の時、母親から「あんたなんか産まなければよかった」と言われた。なぜ言われたのか、モモには分からない。

父親からは頻繁に暴力を振るわれた。しょっちゅう、平手打ちをされ、頭をたたかれた。板張りの床に正座させられ、膝の上にコンクリートブロックを乗せられた。見ていた母親も兄も、父親をとがめなかった。

「本当に痛いんだよ。血も出るし、傷も残る。嫌で嫌でしょうがなかったけど、やめてとか言えないし、ずっと我慢してた」

幼心にも、家で暴力を振るわれていることを周囲に知られてはならないと思った。顔を殴られてアザができると、母親の化粧品からファンデーションを見つけ、学校へ行く前に自分でこっそり塗って隠した。

兄からは性的虐待を受けた。モモは詳しくは語らないが、無理やり体を触られたらしい。そのことを父親に訴えたこともあったが、「兄妹《きょうだい》なんだから、それくらい大丈夫だろ」と言われただけで、むしろ自分が怒られた。

「あり得ないよね。そんな家だったの。そもそも、お母さんは間違いなく実の母親なんだけど、実家にいるお父さんが実の父親なのか、よく分からないんだ。なんか昔は違うお父さんがいたようなことを聞いた気もするし、勘違いかもしれない。どっちみち自分からは聞けなかったから、今も知らない」

食事もろくに与えられなかった。母親は家を空けることが多く、父親は粗暴なだけだった。仕方なく、小学生の時に初めてコンビニで万引きをした。怖くて震えた。何を盗んだのか、よく覚えていない。お菓子だったか、おにぎりだったか。何度かやっているうち、店員に捕まった。

「いつも行くコンビニのおじさんだったけど、そこの店長だったのかな。運がよかったのは、その人がいい人だったんだ」

ガリガリにやせたモモを見て、怒るよりも心配してくれた。モモは怖くてきちんと説明できなかったが、店員のおじさんは事情を察したのか、とがめなかった。それどころか、次からモモのために賞味期限切れのパンを取り置いてくれるようになった。モモが行くと、こっそりそれをくれた。

「だから飢えずに済んだよ。お兄ちゃんは普通にご飯もらっていたと思うけど」

そんな家族だった。モモは「家族だと思ってない。思えない」と言った。

小学校では低学年の時からいじめを受けた。無視されたり、仲間はずれにされたり。そのことも、誰にも言えなかった。親に言っても、自分が殴られるだけだと思った。家も学校も、モモにとっては安らげる場所ではなかった。

小学5年生の時、初めて家出をした。夕方、学校から家に帰ってきて荷物を置くと、飛び出した。お金はなく、遠くには行けないから、最寄り駅まで歩き、暗い細道の物陰でうずくまった。とにかく家にいたくなかった。

夜になり、通報を受けたのか、たまたま通りかかったのか、警察官に声をかけられた。

「どうしたの？」と聞かれ、経緯を話した。そのまま児童相談所に保護された。一時保護所で過ごす日々は「家よりよかった」と振り返る。児童相談所の一時保護は、法律で2カ月までと定められている。延長による長期化も珍しくないが、モモは数カ月で実家に戻ることになった。

いじめられながらも、「家にいるよりよかったから」と、小学校には通い続けた。卒業式の日、家族は誰も来なかった。そのままモモは家に帰らず、再び児童相談所に保護された。もう家には帰りたくないと訴えた。このとき、児童相談所と親との間でやり取りがあったはずだ。結局、モモは施設に入ることになった。

中学校に入学してから高校を卒業するまでの6年間、児童養護施設で暮らした。同じ県内の、実家とはまた別のエリアの住宅街にあり、近くを川が流れる、のどかな環境だった。施設での日々は、それなりに落ち着くものだった。

「話をきちんと聞いてくれる先生（職員）もいて、その人が好きだった。すごく若い女の人だったんだけど、優しかったな」。今でも連絡を取り合う職員がいるらしい。施設での暮らしは嫌ではなかった。畑での農作業を嫌がる子もいたが、「私は好きだったし、上手だって褒められた」。高校生になると、いろんなアルバイトをした。ハンバーガーチェーン店や喫茶店、どれも楽しかった。

児童福祉法上、養護施設で暮らせるのは原則18歳までだ。モモも高校を卒業して就職先が決まると施設を出た。勤め先は食品工場だった。コンビニで売られているような、パック詰めのサンドイッチを作っていた。

しかし、この生活は2カ月しか続かなかった。ホストクラブに行くため、休みの日に飛び出したからだ。上京した彼女は、家には戻らなかった。

「愛情が何かは知らないんだよね」

初めて会ってから3カ月後の夜、相談室を訪れていたモモは、他の女の子たちがいなくなってから、坂本さんに相談を持ちかけた。かつてのユズと同じように、仕事と住むところを見つけたいと言った。冬の路上で見かけた時、彼女は足に痛みを覚えてうずくまっていたが、ネットカフェを転々としながら売春を続けるのは心身ともにしんどいようだった。

坂本さんと話をするうち、モモは「私、知的障害があるんだけどさ」と口にした。話をしていてもあまり分からないが、彼女は隠すつもりはないようだった。「あるものはあるんだから」。いつも持ち歩いているピンク色のバッグには、赤地に白い十字とハートのヘルプマークをぶらさげていた。坂本さんが「手帳ある？」と聞くと、バッグからすぐに取り出した。

小学4年生の時に初めて取得したという療育手帳（知的障害のある人に発行される手帳）で、障害の程度は軽度だった。「（障害があると）全然分からないってよく言われる」。手帳を持ち歩いているのは、「身分証にもなる」からだという。

一通り話が済むと、私は彼女の生い立ちについて尋ねた。かつて虐待を受けていたと話し出したのは、そのときだ。

モモは高校卒業と同時に児童養護施設を出て働き始め、別の施設で暮らすようになった。女性の入居者が支援を受けながら共同生活を送る障害者用のグループホームだった。といっても、一人暮らしのように生活ができる施設で、サンドイッチ工場には、そこから通っていた。仕事はフルタイムではなく、生活保護も受給していた。振込先の口座の管理は、施設を運営する会社に任せていたようだ。

住民票はその施設に置いたまま、変わっていないはずだった。ただ、坂本さんに相談をした時点で、東京に来て9カ月が経っていた。その間、誕生日を迎えて19歳になっていた。上京直後、グループホームを管理する職員に一度だけ「もう帰らない」と連絡を入れたらしいが、彼女がかつて使っていた部屋や、受給を続けているはずの生活保護がどうなっているのか、モモはよく分かっていなかった。

この夜、誰もいなくなった相談室の机の上に両肘をつきながら、モモは淡々と話し続けた。虐待を受けて育った幼少期に、引け目を感じているようでもなければ、不幸自慢をするわけでもなかった、ただ過去を振り返り続けた。

そして、ふと思いついたように言った。

「だからさ、「愛情」って言葉は知ってるし、字も書けるけど、それが何かは知らないんだよね」

黙って耳を傾ける私たちに向かって、モモは少しだけ言葉を継いだ。

「愛されたことがないから。家族は家族じゃなかったし。私、家族が欲しかったんだよね」

何かを埋めようとして彼女もこの街にやって来たのだと、私は思った。

3 「愛を探しに来たんです」……レイ

声をかけられて

「何か困っていることがあったら、言ってね」。路上で声をかけられ、坂本さんを頼るようになった女の子もいる。レイ（19歳）がそうだった。

目の覚めるような金髪。腕には何本ものリストカットの傷跡。メンソールのタバコをくわえ、長いつけ爪をした指先で、器用にライターで火をつける。一口目の煙を吐くと、にこりと笑った。「何でも相談できるから、本当に感謝しています。あの時会ってなかったら、どうなっていたんだろう」。半年ほど続けた路上での売春は、坂本さんに会ってやめた。

2022年秋、2年半に及んだコロナ禍が少しずつ収束する気配を見せ始め、歌舞伎町に人出が戻ってきた頃だった。女の子たちが所狭しと歩道に並び、客を待つ中にレイもいた。週末の夜、いつものように立っていたら「こんばんは」と言われ、「よかったら使って」と、カイロとリップクリームを渡された。坂本さんが代表を務めるNPO法人「レスキュー・ハブ」でボランティアをしている30代の女性だった。

レスキュー・ハブの正スタッフは坂本さん1人だが、時おり顔を出すボランティアが数人いた。派遣社員や病院職員をしながら、週末の夜になると、声かけや相談室の留守番をしていた。

レイは差し出されたカイロを「あっ、ありがとうございます」と言って受け取った。顔を上げると、優しそうな女性がいた。カイロの裏側に貼られたカードに「お話聞かせてください」という言葉と携帯電話の番号が書いてあった。食い入るように見ていると、さっきの女性が戻ってきた。「何か相談事、あるの？」

「ある」と答えると、その女性に呼ばれて坂本さんが駆けつけてきた。「せっかくだから、落ち着いて話そうか」と促され、そのまま相談室に行った。

「『NPO』って書いてあったから信用できるかもって。前にいたところでも、そういう人たちにお世話になったことがあって」。後にレイは笑いながら話した。歌舞伎町に来る前、17歳だった時にも、彼女は別のNPOの支援を受けたことがあった。「NPO法人だからといって信用しちゃいけないよ」と私たちは言ったが、この時のレイにとっては正解だった。

坂本さんもその日のことはよく覚えている。

「なんかすごく疲れているように見えましたね。きちんとした言葉遣いで、すごく丁寧な子だなとも思いました」。相談に行ったレイは、尋ねられるまま自分の境遇と現状を説明した。なかなかに複雑だった。

施設を転々とした日々

18歳になった年の夏、レイは歌舞伎町にやって来た。坂本さんに相談をする半年前のことだ。

南関東で生まれ育った。本人はよく覚えていないが、2歳頃まで乳児院にいたらしい。乳児院は、適切な保育を受けられない子どもを養育するための施設だ。親の病気や受刑、わが子に対する虐待などにより、一緒に暮らすのが困難な3歳までの乳幼児が入所する。レイの場合、母親が病気を抱え、養育がままならなかった。やがてレイは児童養護施設に移ったが、脱走を繰り返して児童相談所の一時保護所や自立支援施設を渡り歩いた。血のつながった家族と一緒に暮らしたことはほとんどなく、実家もない。

母親の記憶はある。児童養護施設にいる時、月に1回、面会に来た。そのまま連れられて母の家に外泊することもあった。あまり楽しい記憶ではない。

「お母さんはすごく気分屋で波がある人だった。機嫌がいいときはいいんだけど。私は顔色ばっかり窺っていた」

一度、山梨県にある富士急ハイランドに連れて行ってもらった。レイが大好きな絶叫系のアトラクションが有名な遊園地だ。でも、楽しくなかった。「やっぱりお母さんが楽しそうにしてるかどうかばかり気になっちゃった」

母親は精神的に不安定な人だった。統合失調症を患っていたと、後に聞いた。出産後、ほどなくしてレイが施設に預けられたのも、それが理由だった。母親は、小学校3年生の時に亡くなった。甘える機会はなく、レイにとって母親は、顔色を窺うか、反発する対象でしかなかった。

中学2年生の頃まで過ごした児童養護施設は、よく脱走した。施設の規則が嫌だった。どんな規則がというより、規則そのものが苦手だった。職員たちは、後から思えば優しかったが、当時は反発していた。脱走しては児童相談所に保護され、また施設に戻った。脱走している間にタバコと酒を覚え、何度も警察の「お世話」になった。そんなことを繰り返しているうちに小学校を卒業し、中学2年の時、養護施設を出ることになった。

この頃から、精神のバランスを崩していく。「すごく精神的に不安定だった。何でもすぐに「嫌だ」と思ったし、施設を出て児童相談所の一時保護所に行ったんですけど、そこでもよく脱走をしていました。いたくなくなるの」。無意識に自分の腕や足に傷をつけた。ペンで何度も同じ場所を刺したり、カッターで切ってみたり。火のついたタバコを手に押しつけることもあった。初めて精神科にかかり、処方された向精神薬と睡眠薬が手放せなくなった。

一時保護所に移ってからも、夜になると、しょっちゅう施設を抜け出した。ともに暮らす友達や先輩と一緒のこともあった。売春は、この時に覚えた。「お金が全くないから。中学生だし、お小遣いもないし。抜け出しても何もできないじゃないですか。そうしたら先輩から、「体を売れば稼げるよ」って教えられて」。14歳で、初めて最寄りの駅前に立った。

一時保護所は、子どもたちが長く暮らすことを前提にしていない。レイは、少し離れた街にある自立支援施設に移ることになった。親から虐待を受けたり、親がいなかったり、生きづらさを抱えている子どもたちが入っていた。そこでも彼女は問題児だった。とにかく規則になじめなかった。

「スカートは膝下まで。髪も短くして、肩についちゃだめ。先輩・後輩の上下関係も厳しかった。スケジュールが細かく決まっていて、好きな服も着られないんですよ。学校は制服だけど、私服は、施設にあるものを全員で共有しているから、適当に選んで着るだけ。そういうのが本当に無理でした。「縛られている」って思っちゃって」

2週間に1回の精神科通いは、ここでも続いた。裏門に鍵がかかっていないと知ると脱走し、無断外泊を繰り返した。

「外に出るのは、禁止されていることをするワクワク感もあったと思う。あと、普通に外に出たかった。職員さんは厳しかったけど、いい人たちだった。叱られることが多くて、それは私を思って言ってくれていたと分からなかったの。今は分かる。でもあの時は、いっぱいいっぱいだったのかな。申し訳ないことをしたって思う」

中学は卒業したが、この施設は1年余りで出ることになる。かつてお世話になった児童相談所を頼り、いくつかの一時保護所を渡り歩いた。同じ施設に長くはいられなかった。規則が日常生活に及ぶのが嫌で、人間関係が苦手だった。

17歳の時、若い女性を支援するNPOにつながり、生活保護を受けながら、自立に向けて一人暮らしを始めることになった。

初めて経験する規則のない生活。レイは、一切の制約から解き放たれ、外の世界に飛び出していく。地域の同世代と夜遊びをするようになり、初めて持ったスマホで知った〝夜の街〟に憧れた。

「歌舞伎町、行ってみない？」

自立支援施設にいたときの女友達から誘われたのは、一人暮らしを始めてまだ1カ月も経たない2022年8月。最初に居着いたのは「トー横広場」だった。

「私より先に歌舞伎（町）に来ていた、地元の友達がいて、「こっち来たら」と言われてた。それで、別の地元の子と2人で「じゃあ、行こうか」って。ローランドっているでしょう、ホストの。その子と「ローランドに会いに行こう」と言い合って、それで来ました」

ローランドは、人気ホストとしてテレビにもよく出ているタレントだ。会えたのかと聞くと、「いや、会えなかった。そもそも歌舞伎（町）にいたのかも分からないし」と笑う。どこまで本気だったのか分からないが、こうしてレイは、トー横キッズになった。

「愛を探しに」

歌舞伎町に来たときから、レイは探していたものがある。

「愛を探しに来たの。大真面目に。ホストクラブに行けばあると思ってた」

それは、生い立ちゆえに抱いた思いだった。ホストクラブのことを知ったのは、もう少しで18歳になるという時、一人暮らしを始めて間もない頃だ。生まれて初めてスマホを手にし、自分が知らない世界を次々に知った。SNSにあふれる夜の街の様子は新鮮だった。ホストクラブの紹介サイトを見て興味を持ち、家から近い繁華街にある店に行った。着飾った若い男の子が酒を飲み干す姿を見て、「これが本当の大人の世界なんだ」と思った。そこで歌舞伎町を知り、もっと憧れた。

「ローランドに会いに行こう」と言ったのは、その場のノリだっただろう。会えなくても、がっかりしなかった。歌舞伎町は、「こんなに自由な場所があるんだ」と思うほど、楽しい場所だった。誰に気兼ねすることなく酒が飲めたし、タバコも吸えた。

それまでの生活は、常に施設が設けた規則の中にあった。着るものも、食事や寝る時間も決められていた。門限もあった。最後に入っていた自立支援施設では、毎月の小遣いは1000円だった。外出制限があったから、使う場所はほとんどなく、施設内で画用紙を買うくらいだった。

それが一変した。「誰にも何も言われないで、好きなときに寝て、好きなときに食べてよかった」

レイは規則にうんざりしていたが、それだけでなく、身近な大人たちにもささやかな反発心があった。ところが、歌舞伎町に来てからは、規則も大人の存在もなくなった。「同い年くらいの子たちだけで集まって、「生きてる」っていう感じがした」。手放せなくなった睡眠薬と向精神薬も、いつしか飲まなくなっていた。その代わり酒を飲み、タバコを吸った。生活保護の受給は続いていたから、口座には毎月7万~8万円が振り込まれた。

「歌舞伎（町）って、常に誰かしらいるじゃないですか。その光景もよかった。落ち着くっていうのかな。それだけ人がいれば、誰か自分を愛してくれる人がいると思えるんですよね」

トー横の仲間たちは、いたいときに一緒にいて、遊び、嫌になれば離れればよかった。万引きをして警察に捕まったり、家に帰ったりで、周囲からは顔なじみが減っていったが、気にならなかった。

規則から自由になったレイは、日々したいと思うことをして過ごすようになった。ほとんど毎日のように、別のホストクラブへと足を運んだ。ホストクラブでは、初めて入店した場合は「初回」と言って、料金がほとんどかからない。せいぜい数千円か無料、中には現金をくれる店まである。レイは、多い時には1日で数軒はしごをし、初回で40軒近いホストクラブへ行った。

安く遊びたかったわけではない。「本当にいいホストさんを探していた。何の見返りも求めず、愛をくれるような人を」。だから、初回で訪ねた店でこれはと思うホストに出会うと、その後、何度か指名して行ってみた。「でも何か違ったんですよ」

ホストクラブに通うために売春をした。区役所通りにいつもいる外国人から紹介されたソープランドで働き、茨城や埼玉、福島の風俗店へ出稼ぎにも行った。10日間行けば50万円は手にできた。大久保公園周辺での路上売春は、トー横広場で誰かから「あそこに立つと稼げるらしいよ」と聞いて知った。歌舞伎町に来て1週間後には立ち始めた。風俗店と路上の両方で収入を得た。すべてホストクラブに注ぎ込んだ。

「ホスクラ行って寝て、公園で立ってソープ行って。その繰り返し。全然寝てない。でもホスクラにいても、気になるホストがいなければ1人でずっとスマホ見てた。実はそれが一番休まる時間だった」

寝泊まりはずっとネットカフェだった。口にするのは菓子か酒。タバコは1日に2箱吸った。

ホストめぐりを始めて3カ月目、あるホストと出会う。年上の34歳だった。押しが強くなく、寄り添うように接してくれた。「大人の振る舞い」に惚れた。そして、また精神のバランスを崩した。

「出会えたのはよかったんだけど、今度は他の客に嫉妬したり、もっと店に通って支えてあげなきゃと思ったりして。お金がないのもストレスでした。彼も「好き」とか「一緒になれたらいい」とか言ってくれるし、私もずっと会いたい会いたいとばかり考えて。頭の中はそれだけでした」

向精神薬も睡眠薬も、規定の量より多く飲むようになっていった。

「病気をきちんと治したい」

レスキュー・ハブの女性ボランティアから、「困っていることあったら、言ってね」と声をかけられたのは、そんな時だった。精神のバランスを崩していることはうっすらと自覚していたし、ホストクラブの売り掛けもあった。困っていた。

歌舞伎町に来るずっと前からだが、レイは時々、記憶をなくす。気づくと知らない場所にいて、どうやってそこに来たのか全く覚えていない。美容室に行った覚えもないのに、髪が短くなり色も変わっている。酒も飲んでいないのに、そんなことが時々あった。「別人格がいるんです」。ラインに残る友人とのやり取りから、自分が男性として振る舞っていたことに後で気づく。違う名前を名乗り、彼氏としてメッセージを送っていた。そのことは全く覚えていない。友人は、レイの別人格だと知ったうえで、やり取りを続けてくれているという。

レイは別人格を受け入れていたが、精神的な不安定さと記憶喪失は精神疾患によるもので、治療した方がいいと思っていた。体を売ること自体は慣れきっていたが、昼職に就きたかった。

坂本さんは、レイから相談を受ける少し前、新宿区から受給した50万円の補助金で、1Kのマンションの一室を借りてシェルターを開設していた。そこにレイを迎え入れることにした。

自分だけの空間で寝泊まりできるようになり、レイの精神状態は少しずつ落ち着いた。手荷物一つで歌舞伎町に来た時から持っていたクマのぬいぐるみ「ナナミ」をベッドに置いて横になると、心からホッとしたという。「楽しいと思ってやってたけど、やっぱり気が張っていたのかもしれないです。酒やタバコに逃げていたのかも」。トー横広場にいた時、何でも言い合える友人はいなかった。「今は坂本さんに何でも言えるんです。それもすごく大きいかも」

シェルターに入って数カ月がたち、レイは坂本さんに「病気をきちんと治したいです」と言った。

「歌舞伎町に来て、「人から見られて、憧れられる仕事に就きたい」って思うようになったんですよ。接客業かな。キャバクラでもいいけど、アクセサリーとかコスメ関係とか。そのためには自分自身を磨かなきゃって思ったし、まず病気を治してからかなって」

歌舞伎町に来て最初の冬を越し、東京に春一番が吹いた頃、レイはホストクラブには行かなくなっていた。タバコは相変わらず手放せなかったし、飲みにも行った。でも、路上に立つのはやめていた。

「今年、20歳になるんです。誕生日が来たら、これまでいた施設を回りたいんですよね。養護施設と一時保護所。あと自立支援施設も。職員さんにお礼を言いたい。いた時の私はいい子じゃなかったけど、今はお世話になったと思ってるんで」

前向きな話を次々に口にした。一番最後の自立支援施設にいた16歳の時、精神障害があると認定を受け、障害者手帳を取得していた。等級は3段階の真ん中だった。「当時は自分に障害があるって認めたくなくて迷ったけど、その時に認めていたから、今になって治そうと思える」と言った。何の見返りも求めず、気にかけてくれる坂本さんは、レイの目標にもなった。

「今は無理だけど、いつか自分も坂本さんみたいに、誰かを支援する側になりたい。私みたいな精神障害があって夜職やってた子でも、頑張ればできるんだってことを発信もしたいと思うようになったんです」

レイは坂本さんや私にも丁寧語を交えて話す。相談室に来る子には、まずいない。人と話をするときは礼儀正しく、気も使う。渡り歩いた施設で身についたものかもしれない。

坂本さんは、彼女が生活保護を受けている自治体の担当者に連絡し、治療が受けられる道を探った。担当者が、レイを受け入れる病院を探すことになった。

「彼女はきちんと人と接することができるし、自分の状況も自分なりに分かっているようですからね。まだ19歳ですけど、（売春を）やめて自分で生きていけると思います。だから歌舞伎町にズルズルいないで、早く病院も決まるといいんですけど」と坂本さんは言った。

4月、その入院先が決まった。都外の大きな精神科専門病院だった。

第3章 ホストの沼

私のラスソン

相談室で過ごしていたある日、ユズが「見て見て」と声をかけてきた。おもむろに差し出したスマホの画面には、にぎやかな動画が流れている。

「こないだね、ソラくんのラスソン取ったんだ。めっちゃ歌うまくない？　まじ楽しかったー。ラスソン取ったの、ソラくんでは初めてなんだ」。嬉しさいっぱいといった面持ちで、自分でも動画を見て笑みを浮かべていた。

動画は、ユズが入れ込むホストに会いに行った場面だった。ユズも映っているから、撮ったのは別の誰かだろう。暗い空間をチカチカと原色の光線が照らし、大音量の音楽が響くなか、1人のホストがマイクを握って立っている。周囲のホストたちは盛り上げ役に徹し、主役のホストに向かって手を振ったり、合いの手を入れたりしている。テーブルの上には何本かのボトルとグラス。ソファにいるユズだけが、ひざをそろえて座ったまま、あたりを見回している。所在なげに見えたが、本人は「うっとりしていた」と言う。それが「ラスソン」の場面だった。

ラスソンとは、ラストソングのことだ。どのホストクラブでも、その日の売り上げが最も多かったホストが、営業終了前に好きな曲をカラオケで歌う。売り上げを競い合うホストにとって名誉なことで、女性客にとっても、自分が入れ込むホストがラスソンを歌うのは嬉しく、誇らしいことだ。

動画の中で熱唱していたのは、ユズが入れ込むソラというホストだった。その日はユズが最後に入れた何本かのボトルの代金でトップに躍り出たらしい。だから彼の歌は、ユズにとっては「私が取ったラスソン」となる。周りのホストたちから、「あ、はい！　いただきました！　ユズさんに！」というかけ声が飛び交い、シャンパンを注いだグラスがカチンと鳴らされる。ソラが歌い終わる間際、グラスの酒が飲み干されて拍手が起きたところで、動画は終わった。

「あー楽しかったな。ソラくんもラスソン取ったの何度かしかないんだって」

夢見心地の口調でそう言い、また動画を見返している。

「で、これやるといくらくらいかかるの？」

そう尋ねると、ユズはスマホに向けていた顔を上げた。

「え、この日はそんなしなかったよ。そもそも、「あとちょっとでラスソン取れるから」ってお願いされて、別に私が全部持ったわけじゃないから。それにここ、そんなに高い店じゃないし、シャンパンも一番安いやつだもん」

「いや、別にとがめないから」と柔らかい口調で聞くと、ようやく明かした。

「5万（円）くらいだったかな。そんなにしなかったよ」

おそらく5万円を少し上回る金額だったのだろう。誰かにうっとりし、後で思い返して幸せそうに語れる数時間のために5万、10万円を注ぎ込むのが高いか安いかは人それぞれだ。ただ、その日もユズは「昨日から食べてない」と言って、相談室に置いてあった菓子を口に入れ、「金がない」とこぼしていた。身を削ってホストにみついでいるようにしか見えなかった。

透明なスマホケースの裏に、ユズは「ソラ」と書かれた黄色い名刺を大事そうに挟んでいた。「見て見て」と、嬉しそうにその名刺を見せられたことがある。スマホの中には、一緒に撮った写真ファイルが何枚もあり、どれを見ても、ユズはうまく笑えていなかった。緊張してしまうのだという。

自分に言い聞かせるように、ユズは弁解した。「大丈夫だよ。これまでのホストと違って、ソラくんは支払いのこととかすごく気遣ってくれるから。店にいる途中でも、「今いくらくらいだよ」って教えてくれるし、ボトル入れてとか頼まれることもないし。「無理しないでいいからね」って言ってくれるもん」。ラスソンまであと少しだからとボトルの注文を頼まれたのではないかと思ったが、それは口にしなかった。

ちょうどユズが相談室に顔を出すようになり、昼職に就いてアパートに住みたいと、坂本さんに相談をしていた頃だった。昼間の仕事を始めたら、ホストクラブに行く時間はなくなるし、金も足りなくなる。ホストクラブに行って、ソラに会いたいという思いが強くある限り、介護の仕事は続かないのではと思った。

周囲の心配をよそに、彼女の頭の中は、日に日にソラのことで占められていくようだった。

「ソラくんに会いたいな」「付き合えないかな」「ソラくん、ホスト上がらないかな（辞めないかな）」

そんな言葉をいつまでもつぶやき続けていた。

みつぐための売春

歌舞伎町に立つ女の子たちの取材を始めて数カ月で、目の当たりにしたことがある。ホストクラブへ行くために売春をする子が少なくない、という現実だ。少なくないどころか、その多さに驚いた。ユズだけでなく、モモもレイもそうだった。

「少なくない」と書いたが、路上売春をする女性のうち何割がホストクラブに行くのか、実態はよく分からない。

警視庁保安課の幹部は、「最近1年間で逮捕した女性の中には、生活が苦しくてという人もいたが、ほとんどがホストクラブで遊ぶ金欲しさ、もしくは売掛金を返すためだった」と話す。2022年までの5年間に大久保公園周辺で逮捕した売春女性は201人。その7〜8割がホストにみつぐためだったと話す捜査員もいる。

歌舞伎町は、日本一のホストクラブ街でもある。1990年代半ばまでは30軒ほどだったのが90年代後半に急増し、現在では200軒以上のホストクラブがある。ホストとして働く男性は、数千人に上ると言われている。

着飾った若い男性が、女性客に酒を提供し、会話を盛り上げて楽しませる。女性は、最初の来店時こそ「初回」といって、1〜2時間を無料や数千円で遊ぶことができる。初回は無料どころか、数千円を客に還元する店もある。初回であっても、制限時間後に延長する「飲み直し」をした場合は、特定のホストを指名することになっていて、料金は万単位となる。2回目以降も同様だ。指名されたホストは「担当」と呼ばれ、指名料や客が注文したボトルの料金は、担当の売り上げとしてカウントされる。

人気ホストは、まるでアイドルだ。1カ月の売り上げが1000万円を超えるようになると、大きく引き伸ばした顔写真がビルの外壁や広告看板に載り、その世界の憧れの的となる。テレビや雑誌にも出演するような超人気ホストは、ごく一握りの存在だ。レイが憧れたローランドもその一人。きらびやかな夜の世界の象徴でもある。

500万円のおねだり

シャンパンタワーしたらすきになってくれる？
あなたはこう言ったね。
好きだからタワーしてほしいんだよ、って。
その言葉、信じていいのかな。
もちろんタワーはしたいってずっと思ってるよ。

この文章は、「日記」だという。日付はない。ルーズリーフにボールペンで清書され、ファイルにきちんと綴じられている。書いたのは、レイだ。

その日あったことや思ったことをレイは日々、書き留めてきた。特に気に入った文章は、こうして歌詞のように仕立てて清書する。歌手になりたいと思い始めた小学生の頃から続けてきた。これまでに書いたノートや紙は段ボールに入れて、大切に取り置いている。

2022年の冬につづったこの一節は、入れ込んでいたホストのシュウに向けて書かれている。彼女が探し続けてようやくめぐり会った「担当」だ。

事あるごとにシュウは「シャンパンタワーを入れてほしい」と言った。グラスをタワー状に積み上げて最上段からシャンパンを流し込む一種のショーだ。ホストクラブで、その金額は最低でも50万円。上限はなく、1000万円以上することもあるという。一度で大きな売り上げになるので、ホストにとってタワーは目標の一つでもある。シュウはタワーを「毎月やってほしい」とレイに頼んでいた。

つづられたレイの丸い文字は続く。

毎月タワーしてほしいって言ってたね。
毎月150万ためながらお店にも会いにいく。
◯◯（自分の名）はどれだけ仕事をすればいいのかな。
200万は1カ月でかせがないといけないね。
それまで仕事がんばるから少しまってね。

これは健気なのだろうか。シュウは「自分の誕生日には500万円のタワーを入れてほしい」と言い、レイは「分かった」と応じた。彼女の仕事は体を売ることだ。本当に「がんばる」つもりで、その頃は週に7日、新宿の風俗店に出勤し、空いた時間には路上に立った。それでいて、ほとんど毎晩、店にも通った。レイが売春で稼いでいることは、シュウも分かっていた。

追われるように働き、レイは少しずつ神経をすり減らしていった。睡眠薬を飲むことが多くなり、酒量も自傷行為も増えた。無意識にペン先で足を突き、血が出ても続けた。

「ずっと探していたんですけど、いざ担当ができると、ストレスが半端じゃなくなった。他の女性客に対する嫉妬とかお金のプレッシャーで。好きだからタワーもやってあげたいんだけど、普段から通ってお金も使ってあげなきゃってなるんです。でもそうなると全然貯まらなくて、タワーができるか不安になる。その繰り返し」

レイはシュウから「店の外では会わない」と告げられていた。同伴やアフターで店外デートをするホストが一般的だが、「それが自分のやり方」だと言われ、納得していた。それがある夜、せかされていた掛けの支払いに行こうとシュウの店に向かっていたら、女性客と腕を組んで店の外にいるシュウと鉢合わせした。

「別の客がいるのはいいよ。ホストだからしょうがない。私よりもずっとお金を使っているのかもしれないし。でもウソをつかれたことがショックだった」

幻滅したが、好きという気持ちは変わらなかった。それが負担でもあった。本当かどうか分からない額の掛けを請求され、シュウの店に行くのをやめた。彼との日々を振り返って「本当にむかつく」と口にした直後、「一目でもいいから会いたいな」と言うことがあった。気持ちの整理がつかないようだった。

飛び降り騒ぎ

私が初めて歌舞伎町の取材をしたのは2018年だった。それは、ホストに関係する話だった。

この年の秋、同僚とともに夜の路上を何日間か歩き回った。当時、私は都内の事件や事故の取材を担当していた。いわゆる「警察詰め」だったので、日々のわりと細かい事件の情報も入ってきた。

おかしいなと感じたのは、その年の10月5日だった。未明に歌舞伎町の雑居ビルで若い女性の飛び降り騒ぎがあり、起きた場所や簡単な状況がスマホに届いた。幸いにも未遂で終わり、女性は駆けつけた警察官に保護された。

「ん?」と思ったのは、前日の未明にも同じ雑居ビルで、別の若い女性の飛び降り未遂があったからだ。その3日前の10月2日には、200メートルほど離れたビルの屋上から若い女性が飛び降りて亡くなる事件が起きていた。

10月の第1週に、立て続けに3件。調べてみると、10月4、5日に飛び降り未遂があったのと同じビルの屋上では、9月末の夜にも、飛び降りる素振りを見せていた女性をスーツ姿の男性が必死に説得し、抱きかかえて止めるという事案が起きていた。どう考えても異常だった。

実際に女性が飛び降りて亡くなった10月2日の事件では、同僚が現場に行っていた。飛び降りた女性が、たまたま路上を歩いていた男性にぶつかり、九州から出張に来ていたその男性は右腕の骨を折る重傷を負った。滅多に起きないことだったので、社会面の小さな記事になった。

2日午後7時ごろ、東京都新宿区歌舞伎町2の雑居ビルから飛び降りた女性が、道路を歩いていた20代の男性にぶつかった。2人とも病院に搬送され、女性は死亡、男性は命に別条はないとみられる。

警視庁新宿署によると、女性は20歳くらい。雑居ビルの8階部分の外階段には女性の靴が残されていた。目撃証言などから、同署は女性が自殺を図ったとみて調べている。

現場は飲食店や風俗店が建ち並ぶ繁華街の一角。

飲食店従業員の女性（21）は「男性は受け答えができていたが、頭から血が流れて

いた」と驚いた様子で話した。（2018年10月3日付「毎日新聞」朝刊）

新聞は普段、一般人の自殺、もしくは自殺と思われる事件を記事にすることはほとんどない。ニュースになるのは、未成年であったり、場所が公衆の目に触れる場所で騒ぎになったり、社会に影響があると思われる場合だ。報じる際には、報道によって自殺を誘発する懸念があるため、詳細や手段は明示しないことが多い。WHO（世界保健機関）が自殺予防のためにまとめたガイドラインには、メディア向けの留意事項が示されている。新聞社やテレビ局はこのガイドラインを意識して報じている。

だから、歌舞伎町で飛び降りや未遂騒ぎが頻発したこの時も、記事になったのは、男性にぶつかった女性の事件だけだった。それぞれの飛び降り騒ぎに関連はなさそうだったが、あまりにも続くのが気になった。

「これ、調べてみたらいいかもしれないですね」

同僚や上司と話をすると、すぐにある仮説が浮かんだ。「飛び降りたのは、ホストとトラブルになった女性たちではないか」。未遂騒ぎの中には、屋上で男女が激しく言い合った末に男性が女性を止めるという事案があったし、現場となった雑居ビルには何軒ものホストクラブが入っていた。

そうこうしているうち、10月12日に、今度は男性がビルの屋上から飛び降りた。10日前に飛び降りた女性が、路上を歩く男性に衝突した時と同じビルだった。路上にたたきつけられた男性は、近くの人に心臓マッサージをされたが、まもなく息を引き取った。未遂も含め、10月だけで4件目。

飛び降りて亡くなった女性を知る人を探そうと、私は同僚と夜の歌舞伎町に向かった。

「その女の人は知ってるよ」

この時点で分かっていたのは、女性の大まかな年齢と飛び降りた日時、場所だけだった。私たちは夜の街を歩き回り、誰彼となく話を聞いた。ほとんど足を踏み入れたことのない歌舞伎町2丁目は、不夜城だった。日付が変わると、一帯を歩く人の数が急に増える。終電に乗り遅れまいと急ぐ人かと思ったが、どうも違う。急いでいないのだ。どこか目的地があるらしい女性と、女性に声をかける男性が大半だ。しばらくして、女性たちは、店の営業が終わったホストクラブから出てきた客で、男性はキャッチかスカウトだと知った。

ホストクラブの営業時間は1部、2部、3部に分かれ、ホストも入れ替わる。最もにぎわうのが、夕方から午前0時までの1部だ。なお、2部は日の出から昼まで、3部は昼から夕方までだ。夜の早い時間帯には聞けなかった情報が、午前0時を過ぎると、徐々に集まってくるようになった。

「私知ってるよ」

キャッチやナンパに間違えられながら、道行く女性や周辺の店に聞き込みを続けると、午前2時近くになって、そう話す2人組の女性と出会った。どこかの雑居ビルから出てきた彼女たちの1人は「え、マジの記者さん？」と言いながら、知っていることを教えてくれた。

「あそこのビルから女の人が飛び降りて、下を歩いてる男の人にぶつかったのあったじゃん。その女の人は知ってるよ。正確に言うと、私の友達が知ってるんだけど」

10月2日夜にあった事件だ。頼むと、その場で友達に連絡を取ってくれた。飛び降り事件が相次いでいることは彼女も知っていて、そのまま私たちは話し続けた。

「聞いたらその子、ホストとトラブったんでしょ？　ホスト、はまっちゃだめだよね。うちらも今ホストクラブで5時間飲んできて、これから2人でどこ行こうって言ってたとこなんだけど。ホストに恋しちゃうと地獄だよ。結局、向こうは金が目当てなだけだから。分かってるんだけど、うちらもダメだよね」

ホストクラブの何が楽しいのか、何を求めて行くのか、どんな客が多いのか。根掘り葉掘り聞くと、あっけらかんと語ってくれる。

「スカっとするんだよ。話聞いてくれるし、めっちゃ持ち上げて、褒めてくれる。ストレスがたまったときとか、寂しいときに行く。やっぱり店では「お姫様」だし、今の担当は優しくて可愛いんだ。いるときは本当に楽しいよ。イケメンに聞いてもらっていると、「え、好き」とか思っちゃうことあるし、そういう担当に「来てほしい」って言われたら行っちゃうし。うちらもだけど、周りの客もだいたい20代前半とかじゃない？　ハタチくらいの子、多いよね。地方から学校とか就職で東京に出てきて、ホストにはまって学校や仕事辞めて風俗で働く子なんてざらにいるよ。昼職じゃ払えないからさ」

彼女はしばらくして少し笑うと、「私もだけどね」と言った。

茨城県出身の21歳。地元で看護助手をしていた18歳の時、ツイッターで知り合ったホストに「来てみなよ」と誘われ、上京した。昼の仕事もしたが、歌舞伎町のホストクラブに通い出すと、月に十数万円の手取りでは全く足りなかった。すぐに遊ぶ金がなくなり、売春を始めた。「今は風俗嬢一本でやってる」と言う。

聞くと、借金を作ったこともあった。

「担当が優しいのはね、「来られる時でいいし、来てくれるだけで嬉しいから」って言ってくれるの。でも、たまには「掛け（ツケ）でもいいから来て」とか「掛けでいいからこのボトル入れていい？」って言われる。そうするとやっぱり断りづらいよね。手持ちがないのにお金使って掛けを作っちゃうんだ」

大半のホストクラブでは、客のツケを認めている。売り掛けのことで、ホストや客は略して「掛け」と言う。ホストは客に掛けを許し、回収のために来店を促し、また新たに金を使わせる。払えない客には、キャバクラや風俗店などの仕事を紹介・斡旋する。そんな構図がある。女性客がホスト通いから抜け出せなくなるような仕組みだ。

彼女は一時、30万円の掛けがあったという。「遅れる時は遅れてもいいから」と言われたが、豹変したように返済をせかされることもあった。それでもホスト通いをやめられない。

「担当に優しくされると、恋とまでは言わないけど好きになっちゃう。担当には他の客もいるし、うちも客の一人じゃん。でも負けず嫌いだから、他のお客さんに嫉妬しちゃう。担当にとっての一番になりたくて、深みにはまっていくの。風俗店の仕事は、自分から担当に頼んで紹介してもらったんだ」

終始ほがらかな彼女は、少し酔っているのか、路上に立ったまま、自身がかつて抱えた鬱屈までをあけすけに語ってくれた。

「前はもっと酷い状況の時があったんだ。担当をめぐる嫉妬で思い詰めちゃって、自殺願望みたいな気持ちになったこともある。「死んだら楽になるかな」「死んだら振り向いてくれるかな」って思うの」

ホストクラブに通い始めて5年。気を病むことはなくなり、最近はほどよく楽しめているという。それでも最後にこうつぶやいた。

「私もそうだったから、飛び降りちゃう女の子の気持ち、少し分かるかもしれない」

夜の街の闇を垣間見た気がしたが、知りたいのは、飛び降りた女性のことだった。礼を言い、私たちは聞き込みを続けた。

「担当」への愛憎

彼女が紹介してくれた友人とは後日、会うことができた。ユキと名乗る19歳。金髪とつけまつげ、派手な化粧で、未成年には見えなかった。ユキがその女性と初めて会ったのは、飛び降りる1カ月ほど前の9月上旬だったという。

「私もあの子も歌舞伎（町）の路上にいて1人で飲んでたの。話しかけたら気が合ったから、「じゃあ、どこか飲みに行こうよ」って誘って2人でバーに行った。連絡先を交換して、その後は2回くらい一緒に飲みに行ったんだ」

そう話す彼女の手には、缶酎ハイの入ったコンビニのレジ袋がぶら下がっている。取材が終わったら飲むのだという。アルコール度数が高めの500ミリリットル缶で、歌舞伎町ではこの缶を手に街中を歩く若者をよく見かけた。「酔えれば何でもいいから。安いし。ミンザイ（睡眠薬）をこれで流し込んでキメてる子もいるよ」と淡々と語った。

ユキによると、その女性はメイと名乗っていた。一緒にバーに行くと、周囲の男性客が色めき立つほどのルックスだったという。

「本当にきれいな子だった。スタイルもよかった。暗い雰囲気も全然なくて。でも、飛び降りたって人づてに聞いて写真を見たときは、実はそこまで驚かなかったんだよね」

彼女はメイが飛び降りた直後の現場をとらえた写真を持っていた。やじ馬が撮ったもので、その頃、歌舞伎町に出入りする人たちの間で拡散されていた。ユキは一目見て「メイだ」と分かった。そして「ホストクラブさえ行かなきゃよかったのに」と思った。

メイは連日ホストクラブに通い、多額の金を担当に使っていた。一方で、いくら金を落としても思うように振り向いてくれない担当を憎み始めてもいた。メイと飲みに行くと、いつもユキを聞き役にして、ホストにはまって抜け出せない現状を自嘲した。「200万円の掛けがある」と明かし、こんな悩みを口にしていたという。

「掛けなんかすぐ返せるとは思うけど、担当からしたら、結局私はお金を使うだけの存在なんだよね。めっちゃお金を使った時は「好き」って言ってくれるけど、本当の気持ちって全然分からない。やっぱり好きなのは私だけなのかな……」

はっきりとは言わなかったが、夜の店で働いているようだった。最後に会ったのは9月中旬で、力なく「私の人生、もう詰んだー」と言うメイの姿を、ユキはよく覚えていた。

ユキは「そんな簡単に人生詰まないって。その店、二度と行かなけりゃいいじゃん」と言ってみたが、「全然届いてなかった」。メイとは3回、一緒に飲んだが、いつもホストの愚痴を聞かされた。「あなたみたいにきれいなら、いくらでもいい男、つかまえられるよ。ホストクラブさえ行かなきゃ、普通に幸せに暮らせるのに」と言うと、メイは笑いながら、気のない返事をしたという。

取材が終わろうとしたとき、ユキは「私もあそこの屋上、行ったことあるよ」と言った。彼氏と思っていた男と揉め、ふと屋上に行こうという気になった。路上でさんざん飲んだ明け方、外階段の柵を乗り越えて、屋上の縁に腰掛けた。誰かが通報し、消防や警察がかけつけた。ユキは抵抗もせず、ゆっくりとそこから離れた。

「死にたかったわけじゃないけど、死んでもいいかなとは思っていた。どんな景色なんだろうって。実際に飛んだ子がどうだったか知らないけど、薬や酒で酔ってると、そんなに大きな覚悟がなくても、落ちちゃったりするのかなとは思う」

その頃、取材をした、ホスト常連客の女性は言っていた。

「客は、愛の形として金を注ぐけど、ホストは金を金としか見ていない。売り上げのことしか考えていない。言われれば当たり前なんだけど、目の前で優しくしてくれると分からなくなるんだよ。掛けの追い込みをかけられたりして、それに気づくと落ち込んで鬱になる」

ホストは、自分の客の掛けを自分で回収する。「まだ払えないの。いつ払えるの？」というラインが何度も届き、女性は自分がただの金づるだったことを知る。風俗業界やホストクラブの閑散期は、2月、6月、10月とされる。年末年始と年度初め、そして夏に散財した客は、財布のひもを締めがちだという。だから、この時期になると、ホストは掛けの回収に力を入れる。

メイが自殺した原因は何だったのか。本当の理由は分からない。ホストとの関係に悩み、自分を追い詰めていたようではあった。その後も取材を続けると、ユキが言っていたことの裏も取れた。

その間、さらに何件かの飛び降りがあった。結局、歌舞伎町では２０１８年の10月だけで7件起き、5人が亡くなった。全員20〜30代で、現場はすべて、あの二つのビルのいずれかだった。中には男性もいた。7件に直接の関連はなく、亡くなった5人全員が、ホストクラブに原因があったわけでもなかった。

二つのビルは、ネット上や週刊誌で「呪いのビル」と呼ばれた。どちらも、屋上に通じる階段やエレベーターを誰でも使えた。屋上に入る扉は鍵がかけられていなかったり、簡単に柵を乗り越えられたりした。管理会社に取材をしたが、「警察から助言を受け、対策を検討している」という以上の回答はなかった。その後、屋上への動線は閉ざされた。

負の連鎖

私たちが次に向かったのは、歌舞伎町に事務所を構える公益社団法人「日本《にっぽん》駆け込み寺」だった。この地で20年近く、どんな相談にも応じてきた。刑務所を出所したばかりの元囚人、自殺願望を抱えた若者、学校に行きたくない性的少数者の少女。「たった一人の命を救う」という標語を掲げたドアを、さまざまな事情を抱えた人たちがたたく。

「最近よう起きとるな。異常やな。前から時折あったけど、多すぎるで」

代表の玄秀盛《げんひでもり》さん(62歳)は、さすがにこの界隈で起きたことをよく知っていた。大阪・西成の生まれ。東京に出てきて30年近くになるが、いまもコテコテの関西弁だ。取材で分かったことをかいつまんで説明すると、腕を組んだまま、少し間をあけて、こう言った。

「負の連鎖ちゅうことやろ。この街はな、おかしなっとんねん」

ホストにはまった女性よりも、むしろ、悩みを抱えたホストのほうが相談に来ていた。元ホストという経歴を持つスタッフの男性（42歳）は、「昔に比べるとホストの稼ぎは悪くなり、年齢も下がった。ホストも追い詰められています」と事情を教えてくれた。

ちょうど数日前、21歳のホストが相談に来ていた。北海道から上京し、ホストになって半年。事務所にやって来るなり、「怖くてもう店に行けない」と切り出したという。働き始めた時は意気込みもあったが、先輩ホストへの借金と、回収できなくなった掛けを背負い込み、精神的に参っていた。「上京するときに両親からも見放され、実家に帰ることもできません。そもそも入店時に、身分証としてパスポートを店に預けてしまったんで、逃げられないんです」と話す様子は、おびえていた。

とにかく金がなかった。支給された服の代金返済、旅行の積み立て。他にも「わけのわからない天引き」があり、直近の月給はマイナス2000円。ほとんど何も食べられない日が続き、やつれ果てた状態で心療内科を受診した。

「希死念慮」

診断書には、そうあった。自殺願望のことだ。軽いうつ病だから仕事を辞めるようにと言われた。身分証を取られて辞められないと言うと、クリニックから「玄さんとこに行ってみたら」と紹介された。そこで、すがる思いで来たという。

相談を受けたスタッフは、ため息をついた。

「追い詰められたホストは誰彼構わず女性客をつかまえようとするし、むちゃくちゃな取り立てに走ります。そういう意味で彼は良心的だった。その分、自分が先につぶれてしまったんですね。聞きました？　彼の借金、掛けを合わせて10万円もないんですよ。言っちゃなんですが、それっぽっちの金額で思い悩むんです。先が見えないまま、重圧だけを背負い続けているからです」

日本駆け込み寺は、この相談者が働いていたホストクラブと交渉し、パスポートを取り返して辞めさせた。住み込みで働ける工事現場の作業員の仕事を紹介し、借金を少しずつ返済させることにした。尽力したスタッフは、「彼みたいなホストは少なくありません」と話す。自身がホストをしていた2000年ごろは違ったという。

「職業倫理というものが、もう少し徹底していました。とにかく「格好付ける」のがホストで、女性客を追い込むような下品なマネはするなという不文律がありました。先輩ホストが若手の面倒を見るのが当たり前。お下がりの服を与えて食事にも連れて行き、時には小遣いを渡したものです」

時代も客層も、今とは違ったという事情はあるだろう。その後、長く続いた不況のためか、女性経営者や著名人といった「太客《ふときやく》」はいなくなり、従業員も客も低年齢化した。

「学生だろうと普通のOLだろうと、金を持っていそうになくても、とにかくたくさんの客をつかまえて、店に通わせるようになりました。広く薄くでも構わないから搾り取ろうという風潮です」

業界の変質を嘆くスタッフの言葉を引き取るように、玄さんは言った。

「ホストやるんも、ホスト通いも自由やけど、甘い文句に釣られてこき使われるホストも、ある意味、被害者かもしれん。その被害者が客を追い込んで、新たな被害者を生む。それが今、この街で起きとることなんちゃうかな。負の連鎖というのはそういうことや」

変わらない業界の風潮

それから5年。ホスト業界の風潮は変わっていない。路上売春の取材を始めてからも、何人かのホストに話を聞く機会があった。

「先輩からは、「売り（売春）でも何でもやらせればいい」って言われてます」

2023年春、ホストになって1カ月もたたないという18歳は平然とそう言った。自分の客はまだいない。歌舞伎町のあるビルの一室で、「今から出勤なんで」と顔に化粧をしながら、「なったからには最低でも4年くらいはやろうと思ってるし、成功したい。（月の売り上げで）1000万円プレーヤーになりたいっすね」と無邪気に語る。

群馬県の出身で、高校は「超つまらなくて」、2年生の時に中退した。上京して1カ月ほどふらふらしていたら、知り合った人からホストをやらないかと持ちかけられた。小さな店だが、初日から接客に入り、先輩からいろいろと教わる日々だという。

「客のつかまえ方とかですね。自分、路上での声かけもしてますけど全然ダメで、ラインの交換までいけないんですよ。ツイッターとかインスタ（グラム）でつかまえている先輩も多いんで、自分も始めました。先輩らは見てて、やっぱりすげえなって思いますよ。指名客がいて、格好いいです」

客層はやはり若いという。

「18歳の子も来ますし、学生も来ます。正直、金はそんな持ってるように見えないですけど、金ない子の担当になったら、売りをやらせればいいって教わりました。売り上げ取るためには、自分も何でもやるつもりっす。ボトルも入れてもらいたいし、いずれは（シャンパン）タワーだって。枕（営業）だって覚悟していますし、色恋もガンガン使いますよ」

気に入られるためには女性客と寝ることも、甘い言葉で恋愛感情を抱かせる営業もいとわないという。

「そんなに多く見たわけじゃないけど、「ああ、あの子、売りやってるな」って分かる子は多いっすよ。雰囲気で分かるし、自分で言う子もいますし。だいたい10代とか20歳そこそこの若い子ですね。その子たちが自分でやってることだから、別にいいんじゃないっすか。おれらは、自分の客をどれだけ取れるか、売り上げの数字を出してなんぼの競争の世界なんで。それくらいやらないと、一人前のホストとしてはやっていけないっすよ」

新人ゆえの気負いもあるのだろうが、悪びれた様子もない。

勧誘の場はSNS

ごく一握りの成功者に憧れてホストになる若者たち。ネットを検索すれば、歌舞伎町だけで何十件ものホストの求人が簡単に見つかる。

「未経験でも年収1000万円」「日給2万円保証」「有名になりたい従業員募集」

景気のいい言葉が並ぶ。入店祝い金として数十万円を支給するとうたう店もあるが、従業員の入れ替わりは激しいと、あるホストクラブ幹部は打ち明ける。

「つぶれて飛ぶ（逃げる）やつは多いですよ。昔ほど上下関係は厳しくないですが、入ったばかりだと雑用もありますし、最初は客も取れません。顔のよさが全てではないけど、ルックスとかノリとか愛嬌とか可愛がられる要素とかは当然、必要です。正直、僕らとしては、代わりはいくらでもいます。高校を卒業したくらいで成り上がろうとする子もいるし、地方で既にホストやっていたけど、やっぱり歌舞伎（町）でというやつもいる。よほど多額の掛けを背負って飛ばない限り、僕らも追い, いきませんからね」

競争の激しい世界で生き残るには、売上を伸ばしていくしかない。自分を指名してくれる固定客をつかまえ、継続して店に通ってもらう。夢を見させ、金を使うことをいとわないように褒めあげる。金を使ってもらうために、酒も飲む。

常に新しい客を探して、道ゆく女性たちに声をかける。しかし、東京都迷惑防止条例が改正され、路上でのキャッチが禁じられたため、大っぴらにやれなくなった。勧誘の場はネットへと移り、今や多くのホストが、ツイッターやインスタグラム、ＴｉｋＴｏｋでの発信にいそしむ。フォローしてくれたアカウントが女性と見れば、メッセージを送る。ユズやモモ、サユリは、こうしてホストと知り合い、地元を離れて歌舞伎町にやって来た。

コロナ禍が始まった２０２０年、私たちの外出時間は減り、ネットの利用時間が増えた。民間企業による調査でも、そうした結果が出ている。ツイッターやインスタグラムといったＳＮＳの利用時間や利用率は、コロナ禍2年目を迎えても伸び続けた。その前からホストたちはＳＮＳでの勧誘に力を入れてきた。コロナ禍以降、彼らの発信は、より多くの若い女性に届くようになっただろう。

10代も通う「メンコン」「メン地下」

若いイケメンスタッフが接客し、女性を夢中にさせて金を使わせる。そうした業態は、今やホストクラブだけに限らない。ここ10年ほどで、男性スタッフが女性を接待する店は多様化している。ホストクラブとは異なる業態で、より低価格な店が次々と出てきているのだ。

何年か前まで人気を博していたのが「メンキャバ」だった。スーツ姿で接客するホストクラブと違い、従業員はカジュアルな格好で接客する。中にはTシャツやジーパンといった服装のスタッフもいる。客には特定の担当がつくことはなく、料金は時間制だが、ホストクラブと比べて安い。

数年前からはやりだしたのが、「メンズコンセプトカフェ」「メンズ地下アイドル」だ。前者は「メンコン」と呼ばれ、ここ数年、出店が相次いでいる。店が設けた世界観に合わせたコスプレをした男性スタッフが接待するバーのような店だ。規定の料金を払えば、店員と一緒に写真を撮ったり、店外デートができたりする。未成年でも入店でき、10〜20代の女性の人気を集めている。店で働くか、ライブハウスで活動するかの違いはあるが、メンズ地下アイドルも似たような存在だ。「メン地下」と呼ばれ、ライブに通って貯めるポイントや追加の支払いで、プリクラや写真撮影、デートができるといった特典がつく。

どちらもホストクラブに比べて低価格だが、店員にハマって「推し活」にのめり込み、数十万円を注ぎ込む10代が相次いだことで、ホストクラブ同様、社会問題化しつつある。2023年春には、歌舞伎町のメンコンで未成年の女性客に酒を提供したとして、経営者と従業員の男性2人が警視庁に逮捕されるという事件があった（後に不起訴処分）。彼らは客に飲酒を勧め、30万円のシャンパンを注文させていたという。被害に遭ったのは、16歳と17歳の少女だった。

ホストクラブでは、ごく一部のずさんな店を除けば、客の年齢を確認している。しかし、メンコンやメン地下では、それが徹底されていない。10代の女性客が店内を占めることも珍しくない。初めはメンコンに行ったが、そのうち物足りなくなってホストクラブに行くようになったという女の子もいる。

女性客を「沈める」

客だけでなくホストクラブでは、働く側も、より若い男性が、気軽に足を踏み入れていると、前出のホストクラブ幹部は言う。「お手軽なバイト感覚でやるのもいて、中には「えっ、こんな高学歴なのに」という子もいますよ。売春だけじゃなくて、ホストもハードルが下がっているかもしれないですね」

別の機会に話を聞いた24歳のホストは、国立大学で最先端科学を研究する大学院生だった。西日本にある実家は中小企業を経営し、両親との関係も良好だ。いずれは地元に帰ってもいいと思っている。「親にホストやってるなんて言ったら、ひっくり返るでしょうね」と笑う。

大学に入るまで女性との接点はほとんどなく、「女性を口説くトレーニングだと思って」ホストになった。「確かに親には言えないけど、抵抗感はなかったですね。別にやましかったり危なかったりする仕事じゃないですし。僕の場合は今しかできないですし。だから、そこまでガツガツしないけど、周りはお客さん取るために必死ですよ。そりゃあ、自分の客が風俗で働いてくれて全部自分に使ってくれればいいでしょう。自分はやろうと思わないですけどね」

自分の客が風俗で働いてくれたらいい。そうした考えは、少なからずホストが抱く本音かもしれない。

2023年1月、歌舞伎町で働く27歳の元ホストが、警視庁に売春防止法違反容疑で逮捕された。女性を困らせて売春をさせた疑いだった。この元ホストは21年末、自分が勤める店の客だった20代の女性に対し、売り掛けの支払いを求め、「早く金を作ってこい」と迫っていたという。掛けは総額で1000万円に達していたが、実は水増しした額を請求していた。

掛けの支払いを求められた女性は、東京・吉原で働き、福島や愛媛、沖縄など各地のソープランドに出稼ぎに行った。売り上げの大半は、このホストに渡していた。膨大な借金に悩んだ末に警察に相談して、事件は発覚した。女性に風俗店を紹介したスカウトや店の経営者らを合わせ、13人が逮捕された。

「そもそも1000万円という、返せるはずもない借金をさせること自体が異常だ。返せない借金を抱えさせ、思い通りに風俗で働かせることが目的としか思えない。言いたくないが、「沈める」という表現そのままだ」

都内のある警察署にいる旧知の捜査員は、この事件について尋ねると、吐き捨てるように言った。売春や風俗を取り締まる部署に所属する彼は、ホストにのめり込んだ女性に関する事案を扱ったことがある。

「そりゃ、行かなきゃいいと思うよ。ホストになんかハマるなよ、とも思う。でも気の毒でもあるよ。こんなふうに女性を食い物にし続けていたら、ホスト業界もそのうちやっていけなくなると思うけどね」

る。

ホストの「沼」

ホストクラブに通い詰める女の子たちを見ていると、その「沼」がいかに深いかが分かる。

あれほど入れ込んでいたユズはその後、ソラとの縁をあっさりと切った。「彼はそんなことはしないもん」と彼女は言っていたが、ある時からボトルをねだられるようになった。それでいて、ユズが求める店外でのデートは一度も叶わなかった。それだけでなく、ソラが他の女性客にユズの悪口を言っていたと耳にした。

でも、ユズは懲りていない。「あいつもダメだった」とソラを罵った日、かつてソラの名刺を挟んでいた彼女のスマホケースに、別のホストの写真が貼られていた。それと、キラキラ光る「LOVE」のシール。新しい担当だった。

「今度こそ違うもん。お金とかじゃなくて、私が行くと楽しいから、それでいいんだって」と嬉しそうに言った。

それがホストの「沼」。心の隙間を埋めようと、足を踏み入れる女性たちがいる。時として、彼女たちが身を売る理由にもなっている。

第4章 手を差し伸べる

歌舞伎町を居場所にしている女性を支援し続けるのは大変だ。彼女たちの生い立ちは複雑で、帰れる実家や頼れる存在がないことも多い。頭のどこかでこの街から抜け出したいと思っている子もいるが、ホストや交際相手、ひいては夜の街に少なからず依存しているような女の子が大半だ。周りが力を尽くして手を差し伸べても、その手を握り返して、今いる居場所から抜け出すのは容易でない。

坂本さんが支援を始めて、2023年で10年になる。手助けをした女性の中には、夜の仕事を辞めて自立した子や、生活保護を受けて歌舞伎町を離れた子も少なくない。しかし、差し伸べた手が届かなかったケースはその何倍もある。

「どうすればいいんでしょうね。あの子たちが自分の意思で売春から抜け、暮らしていけるようになるには」

正解はないと思いながら、ずっと考え続けている。

深夜の薬局へ

相談室を閉め、外に出た頃には午前0時を過ぎていた。6月のある夜、連日続いた雨は降っておらず、大久保公園の周囲には、まだ20人以上の女性が立っていた。坂本さんは、輪になって談笑する若い4人の男女に目を留めた。

「あれ、リオちゃんじゃない？」

1人の女の子が坂本さんに気づいて近づいてきた。確かにリオだった。少し酔っていて、手に提げたビニール袋には酒が入っている。「どう、元気にしてるの？」と聞かれ、左手を差し出した。「かなり痛いかも」。左手の甲が腫れて青くなっている。どうしたのか尋ねると、前日に転んで壁か床に打ちつけたが、酔っ払っていたのでよく覚えていないという。「冷やした方がよさそうだけど、そこの薬局行く？」と坂本さんが聞くと、リオは「行く」と言い、一緒にいた友人たちに断りを入れた。坂本さんは、大久保公園のすぐそばにあるニュクス薬局に向かった。

不調を訴える女性たちを連れ、坂本さんは、しばしばこの薬局を訪れる。5月も、眠れなくて困っていたレイに睡眠導入剤を買ってあげた。夕方から午前3時半まで営業する歌舞伎町の名物薬局で、これまでテレビ番組や新聞、雑誌にたびたび取り上げられてきた。客の大半は、キャバクラや風俗店、バー、ホストクラブといった夜職に就く20〜30代。経営者で薬剤師の中沢宏昭さん（45歳）は市販薬を売るだけでなく、悩みや相談にも耳を傾ける。

リオの左手を見て、症状を聞いた中沢さんだが、医師ではないので診断はできない。「もしかしたら骨が折れているかもしれない。もし腫れが引かないようなら病院に行った方がいいかもね」。坂本さんは、痛み止めにとロキソニンを買った。

「どうする？　今度診てもらう？　でも保険証、ないんだよな」。自販機で買った水で錠剤を流し込んだリオは、坂本さんの問いにうなずいた。さて、どうするか。

目の前の困り事

リオはその1カ月ほど前から相談室に顔を出すようになった。20歳で、路上に立って日銭を稼ぎつつ、ネットカフェを転々としている。今のところホストクラブには興味がなく、行くこともない。好きなのは、ダンスミュージックが流れる中で酒を飲んで踊るクラブ（ナイトクラブ）だ。

地元の高校を卒業後、保育を学ぶために短大に進学したのを機に上京した。入学してすぐ、友達に誘われて渋谷のクラブに行き、1人でも行くようになった。音楽や踊ることも好きだったが、どちらかというと目当てはナンパされることだった。自分でも認める面食いで、「イケメンだったら誰でもいい。それじゃダメなんだけどね」と言う。

ある日、妊娠に気づく。相手はクラブで知り合った彼氏だったが、頼れなかった。何とか自分で費用を工面して中絶手術を受けた。短大は半年で退学した。その頃から一度も帰省していない。キャバクラで働いたこともあったが、退学して1年後の2022年夏に歌舞伎町に来て、トー横広場に出入りするようになった。日中は広場や公園で過ごし、夜になると路上に立ち、1万5000円で客を取ってネットカフェ代を稼いだ。クラブ通いは続けていた。

そんなリオを病院に連れて行こうとした坂本さんだが、困ったことがあった。リオは保険証だけでなく携帯電話も持っていない。半年前、酔っ払ってどこかでなくしてしまった。大の酒好きで、アルコール度数の高い缶酎ハイをよく手にしている。昼間からしょっちゅう路上で泥酔してフラフラし、誰彼かまわず甘えるように接してしまうリオを、坂本さんは心配していた。

「彼女はそこまで歌舞伎町にどっぷり浸っていないと思うんです。ホストにもはまっていないし、親との関係も悪くなさそうです。でも、今のままこの街に居続けてしまうと、そのうち悪意を持った男にいいようにされてしまうんじゃないかと」

リオは少し前まで、同い年の男性の家に2週間ほど、転がり込んでいた。「彼氏」と言うが、話を聞くと彼女として扱われていなかった。セックスはするが避妊はしない。食事を作らせても、食材費は払わない。家を訪ねたリオに居留守を使うこともあった。聞けば聞くほど、彼氏ではなかった。

左手をぶつけた日には、声をかけてきた名前も知らない男性とホテルに行ったが、金をもらえずに戻ってきた。「ちょうだいって言ったのに、「これナンパだから」だってさ。買ってないってことなんでしょ。なんだよって思ったけど、帰っちゃったからしょうがない」。周囲が心配するのも当然だった。

坂本さんは、リオのインスタグラムのアカウントを聞くことにした。スマホがなくても、宿泊するネットカフェのパソコンで見られるからだ。「早い方がいい。週明けに行こう。また連絡するから」と言い、坂本さんは早速、保険証がなくても受診できる無料低額診療事業が使える医療機関を調べた。

週明け、坂本さんはリオを区役所に連れて行き、指定された病院に行けば無料で受診できるよう手配した。結局、骨折はなく打撲だった。おとなしくしていれば湿布と薬で治る。

「とりあえずはよかったですよ」

後日、ニュクス薬局にお礼に行った。「あの時の子、打撲でした。でも助かりました。もしまた1人で来ることがあったら、私に連絡して下さい。あの子、スマホ持っていないんで」。中沢さんは笑顔でうなずいた。

そこまでするのかと思うことがしばしばある。そんな私の気持ちを察したのか、坂本さんは言った。

「もし本人に気持ちがあるなら、路上で売春を続けて抜けられなくなってしまう前に何とかしてあげたいんですよね。リオちゃんの場合は東京で働いてもいいし、地元に戻ってもいい。でも住所もスマホもないと、たぶん彼女1人ではどうにもならない。そのためには、いま困ってることを少しでも解決してあげないと」

坂本さんの支援は、話を聞いて、どこかの支援窓口を紹介するだけでは終わらない。リオに限らず、具合の悪い女の子がいれば病院に連れて行く。何も食べていないという子には食事をさせる。家探しも手伝うし、自治体の生活保護担当者に頭を下げることもいとわない。

午前1時の相談

「なぜ夜の職に就いたのか」「どうして今の状況に至ったのか」

彼女たちに、そう問いかけることは重要でないと、坂本さんは思っている。どんな理由であれ、今の状況から抜け出したいと思っている女性がいれば、手を差し伸べる存在が必要だと考えている。といっても、彼女たちには、これまでの経緯を聞くし、理由も尋ねる。何が必要な支援かを考えるためだ。けれど、その責任を問い詰めたり、自覚を強いたりはしない。

「どうも今の世の中は自己責任論に走りがちです。路上での売春も、「どうせ自分で選んでやっていることでしょ」と。そういう雰囲気の中で、誰かに頼りたい女性が悩みを切り出せないのは問題です。自分を省みるのは1人でもできます。でも、次に向かって1人で踏み出すのは大変なことなんです」

女性たちにとって、差し出された手を握るのにも勇気がいる。だから、話があると言われれば、坂本さんは何とか時間を工面する。「お話を聞かせてください」。そう書いたカードを、これまで何千、何万枚と配ってきた。そこには自分の携帯番号を入れてある。相談したいと誰かが思ったタイミングで自分につながれなければ意味がないと思うからだ。

リオを深夜の薬局に連れて行った日、坂本さんの仕事は、まだ終わらなかった。その足でケイコの相談にも乗っていた。居候していた友達の家を出なければならなくなったケイコの荷物を預かり、今後の住まいについて話し合った。このところ何度かしていた相談の続きだった。

34歳のケイコは、かつて路上に立っていたが、今は風俗店に在籍したり、地方に出稼ぎに行ったりして生活費をまかなっている。「人と接するのが苦手」で、何度かアルバイトもしたが、人間関係がうまくいかず、長く続かなかった。「売り上げを盗んだという噂を立てられたこともあるし、いつも嫌がらせを受ける」という。

かつてユズやサユリが使った東京都の支援プログラムに、彼女は興味を持っていた。自ら窓口へ行って話を聞いてみたが、踏ん切りがつかない。「夜の仕事がダメって言われたら、それは厳しいんだよね。生活のためにはそういう仕事をしないといけないかもしれないし」。制度を使うにあたり、当面の生活資金として、まとまった金額を用意しておくように求められたのも気になるようだ。

「前はそこまで言われなかったから大丈夫じゃないかな」「もう一度そこのところ、よく聞いてみたらいいと思うよ」「制度を使い始める時点で仕事が見つかっていればなおいいから、そっちも並行して進めてみな」。坂本さんは彼女の不安に一つずつ答えた。「うん、もう一度聞きに行ってみる」と言って夜の街に戻っていったケイコを見送ると、時計の針は午前2時を回ろうとしていた。

「帰りましょうか」

たまっている疲れを飲み込むように、坂本さんは缶コーヒーを口にした。帰って4時間ほど眠れば、早朝から会社員としての仕事が待っている。夜にはまた相談室を開けることになっていた。車のハンドルを握り、つぶやいた。

「最近、夜回りがあまりできてないんですよね。アウトリーチ、もっとやりたいんですけどね」

海外で目にした売春の光景

坂本さんが、夜の街で生きる女性の支援を始めたのは2013年だ。長らく「普通」の会社員をしていた。その時代に、今の原点がある。

栃木県出身。仙台市にある大学を卒業し、新卒で大手警備会社に就職した。東京で警備や営業をこなし、一通りの業務を覚えた3年目、南米ペルーで日本大使公邸がテロリストに占拠される事件が起きた。これを機に、各国に置かれた大使館の警備強化が課題となった。勤務先の会社が国から仕事を請け、坂本さんは中米ホンジュラスに赴任することになった。28歳の時だ。

麻薬組織がはびこりギャングが跋扈《ばっこ》する、治安の悪い国だった。不安はあったが、未知の世界に身を置くことへの興味もあった。当地で暮らし始め、休日に街中を歩くようになって、すぐに気づいた。肌をあらわにした女性が道のそこかしこに立っている。

「生計を立てるために、体を売る女性たちです。売らざるを得ない女性、ですね。出張で行った周辺の国でも、同じような人たちを何度も見かけました。存在を全く知らなかったわけではないですが、日本で当たり前のように見ることはなかったので、ショックでもありました。売春が仕事として絶対的に認められないとは言い切れません。ただ、やっぱり売買春は……できればない方がいいとも思います」

坂本さんは、どうしても性の売り買いを肯定できなかった。女性に対する性的搾取だと思った。でも、そんな自分の倫理観が何になるのか、とも思った。

「彼女たちはそれで食べている。止めたところで、ただの無責任です。自分にできることはないんだと思いました」。できるのは、自分が買わないことだけだった。

ホンジュラスから帰国し営業の仕事に戻って3年がたち、今度はモスクワにある日本大使館での勤務が決まる。そこでも売春の場面を目の当たりにした。

写真撮影が趣味だった。休みの日、夕暮れ時にカメラを持ってクレムリン宮殿近くの道に三脚を立てた。少し先に、10代後半と思われる少女が立っていた。気になって様子を見ていると、道行く男性が話しかけては離れていく。何人目かの男性が話しかけた後、彼女は男性と一緒に立ち去った。「体を売る相手を待っていたのだ」と気づいた。

調べてみるとモスクワは、貧困のために食べていけなくなった旧ソ連諸国の子どもや女性たちが売られてくる人身売買の中継地になっていた。

「ここでも生きるために、売春をせざるを得ない女性がいたんです。生きていくために、意に反してやっていた女の子もいたでしょう」

度重なる光景に胸を衝かれた。「それまでは心を痛めるだけでしたが、自分にできることがないか、考えるようになりました」。ロシアから帰った後に赴任した中国でも、同じ光景を目にした。中国赴任を終えて帰国した坂本さんは心を決めた。

2013年、20年にわたって勤めた会社を辞めた。会社は好きだった。仕事は楽しかったし、順調に昇進していた。給料に不満はなかったし、社内の人間関係にも恵まれた。

「でも、それとは別に、このままでいいのかなと思いました。いつか人生が終わるときに、自分が少しでも世の中の役に立ち、意味があったと思えるように生きたかったんです。ちょうど40歳を過ぎた頃でした。このまま企業で定年を迎え、老後に『ああ、結局自分はあの時にやらなかったな』と後悔をするのも怖かった」

人身取引の被害者救済にも取り組む国際NGOが資金調達のためのスタッフを募集していると知り、転職した。

それから10年、心ならずも性産業に身を置かざるを得なかった女性たちの支援に携わり続けてきた。その後、職員となったNPOでは、資金調達だけでなく当事者と接する機会も多かった。

「相談が来るんです。電話だったりラインだったり。私も自ずと対応することになって」。

2015年頃、若い女性が意に反してアダルトビデオに出演させられる「AV出演強要」が問題になっていた。被害者から相談を受け、制作側の事務所に乗り込んだこともある。

こうした中で、自分なりの思いが少しずつ頭をもたげてきた。

「窓口に相談は来るし、その対応はとても大事です。やりがいもあった。ただ、自分から相談できない女性って、きっとたくさんいるだろうと思ったんです。怖かったり、どこに言えばいいのか分からなかったり。上げられない声があるなら、こちらから探しに行って聞かなければと考えるようになったんです」

実際に歌舞伎町に行ってみた。海外で胸を痛めた光景が、日本にもあると目の当たりにした。今度は、自分から声をかけに行こうと思った。

支援の日常

週末の午後8時すぎ、相談室を開けたばかりで、女の子はまだ誰も来ていない。

「今のうちにやっちゃいましょうか」

坂本さんは、小さなチューブがぎっしり詰まった箱をいくつも取り出した。中身は、2種類のハンドクリームだった。買えば高そうだ。「(化粧品メーカーの)ロクシタンが送ってくれたんです。配るのに使って下さいって」。女性に人気のブランドだ。活動に賛同する企業から時折、こうした女性向けの寄付がある。

坂本さんはハンドクリームを透明の小さな袋に入れ、レスキュー・ハブのカードを同封する作業を始めた。黙々と100セットほど用意すると、いくつかを手提げかばんに加える。この後、外に出て声をかけながら配るのだ。

マスク、ウエットティッシュ、使い捨てカイロ、リップクリーム、洗顔用品。歩きながら手渡すアイテムは季節によって違うが、必ず名刺大のカードを貼っている。活動を始めてしばらくして、そうするようになった。

まだ独立する前、歌舞伎町に通い始めた頃は、道に立つ女性に声をかけても、ほとんど相手にされなかった。「別にいいです」と言われて終わり。「人身取引の救済に取り組んでいます」と書いたカードをほうぼうで配ったが、反応は鈍かった。考えた末にたどり着いたのが、受け取ってもらえそうなアイテムと、「お話を聞かせてください」という一文だ。

通い続けると、話をしてくれる子がぽつりぽつりと現れた。

「いきなり「困っていませんか」と声をかけて、話をしてくれる子は滅多にいません。顔を合わせて、「この人なら話してもいいかな」と思ってもらえて、ようやく相談してくれるんです」

彼氏の暴力に悩んでいる、今夜泊まるお金もない、本当は勤務先の風俗店を辞めたい――。寄せられた悩みの一つ一つに向き合った。

居場所となる相談室を

2020年春、自ら任意団体を立ち上げて「レスキュー・ハブ」と名づけると、半年後にNPO法人化した。何人かに理事や監事になってもらったが、スタッフは実質、坂本さん一人。活動に理解のある建築関係の会社に雇ってもらい、生活のための収入を得つつ、歌舞伎町に毎週通った。まず喫茶店に行き、その日に配るアイテムに黙々とカードを貼る。新型コロナが始まった年で、品薄のマスクを欲しがる女の子が多かった。

団体設立から1年半が経った頃、女の子が誰でも立ち寄れる相談室を開くことにした。そのためのスペースは、大久保公園のすぐそばに借りられそうだった。

毎週金、土の午後8時から午前0時まで。相談室は、路上に立ち続け、トイレやスマホの充電器を使いたい子にとって、助かる休憩所になった。坂本さんは、お菓子やレトルト食品、衛生・生理用品を並べ、誰でも持ち帰れるようにした。コロナ禍の最中だった。いくつものアルコール消毒液を置いて感染予防に気を配りながら、女性たちが気軽に話せる居場所にしたいと思っていた。

私は相談室に顔を出すに当たり、記者がいると、せっかく訪れた女性が相談できなくならないかと心配した。取材を打診した時、そんな不安も伝えたが、坂本さんは「とりあえず一緒にいて、見てもらったらいいですよ」と応じてくれた。

相談室を開設し、2023年11月で2年になる。途中から、新宿を拠点にする若年女性支援団体が運営に加わり、場所も移した。顔を出すボランティアは何人もいるが、週2日常駐するのは坂本さんだけだ。日によっては1人で来訪者の相手をし、時間を見つけてアウトリーチに出る。多い日には1日で100人近くに声をかける。「休む場所もあるから、よかったらおいで」と。

2023年7月のある夜、2人の女の子が相談室にやって来た。一人は初めて見る子だ。20代だろうか。遠慮がちに菓子に手を伸ばして口に入れると、「こんな場所あるんだ。いいね、落ち着けるね」とつぶやいた。1年以上前から歌舞伎町にいるらしい。隠す素振りもなく、かばんから何種類かの錠剤を取り出すと、「精神疾患があるんだ」と明かした。相談室を後にする間際、「1人でも大丈夫だから、またおいで」と声をかけられ、大きくうなずいた。

「また来てくれればいいですね」。後ろ姿を見送った坂本さんは言う。何度か来ているうちに、ぽつりぽつりと悩みや本音を話し始めることがある。

支援の輪

こうして昼夜を問わず、彼女たちと接する坂本さんだが、相談事を1人の力で解決に導くことはできない。相談者の困り事に耳を傾けて必要な支援策を見つけ、サポートしてくれる専門家や組織につなげるのが、大事な役割だ。

相談者に疾患があれば必要なのは治療だし、金銭トラブルなら弁護士だ。妊娠したと聞けば、産科で受診ができるように手配し、妊娠や出産のサポートにたけた女性支援団体につなげる。住む家を見つけたい子には、困窮者向けの物件を扱う不動産屋や住宅支援制度を紹介する。役所や病院の窓口には一緒に行くこともあるし、本人に代わって問い合わせもする。

「その日やこの先の数日間がどうにもならないという子なら、うちのシェルターに入ってもいい。どれくらい急を要するかも考えなくてはなりません」

やり取りを続ける女性は、常に数十人はいる。生活保護の受給や、自立につながったケースは、これまで40人以上に上る。

そんな坂本さんの周りには人が集う。

弁護士の齋藤《さいとう》理英《りえい》さん（57歳）は8年ほど前、ＡＶ出演強要問題に取り組んでいた坂本さんと知り合った。レスキュー・ハブとして独立した後も親交を保ち続け、最近も坂本さんから相談されて、ある女性が抱えた金銭トラブルの解決を手伝った。

「彼のあの辛抱強さって何だろうね。確かに歌舞伎町のあの光景には驚かされる。何とかならないものかとも思う。でも、自分からあそこまで突っ込んでいくって、できないですよ。持ち出しもあるでしょうに」。半ばあきれるように言うが、齋藤さんも長年、暴力団の排除や元組員の社会復帰支援に取り組んできた。何か共通する思いがあるのだ。

ニュクス薬局の中沢さんも、坂本さんとは9年の付き合いになる。「僕だって同業者から「よくやりますね」って言われます。歌舞伎町で深夜営業ですから。その僕からしても坂本さんは、よくやるなあと思います」と言う。

総合診療の専門医、こども家庭庁の職員、更生保護支援団体のスタッフ……。多様な分野の人たちが、ボランティアとして相談室に顔を出し、活動に関わっている。ある自治体の職員は、「一人であそこまでの活動をするのは大変でしょう。行政では到底できません」と話す。

活動資金の悩み

人とのつながりや課題解決のノウハウは、10年に及ぶ活動で積み上げてきた。とはいえ、悩みもある。活動資金だ。

レスキュー・ハブは、収益が得られる活動をしていない。寄付金のほか、行政や民間財団の助成金、補助金が頼りだ。坂本さんは、資金の調達や管理も1人でやってきた。「特に行政の補助金は公金です。当たり前ですが、会計はきっちりしなくてはいけません」。2022年秋には新宿区内にあるマンションの一室を借り、女性用のシェルター（一時避難施設）にした。新宿区の補助金を充てたが、足りない分は自分で負担した。会社を辞めてから、貯金は減り続けている。

2023年春、常勤の職員を初めて雇った。学生時代から4年にわたり坂本さんの下に出入りし、その活動に携わることを希望していた20代の女性だ。

「彼女は社会福祉士の資格もあるし、支援に関する価値観も共有しているので心強い。ずいぶん助かるし、できることの幅も増えると思います」

この頃、坂本さんの忙しさは限界に近づきつつあった。まず、生活のために週5日勤務する建築会社の仕事がある。日付が変わるまで歌舞伎町で女の子の相談に乗り、早朝に取引先からの電話で目覚めることもある。

レスキュー・ハブでは、女性たちの相談対応以外に割く時間も多い。歌舞伎町を視察したい地方議員や民間団体からの見学依頼。国内外のメディアからの取材。2023年2月にはアメリカ大使館の依頼を受け、人身取引を監視する米国務省の担当者に歌舞伎町を案内した。年度をまたぐ3、4月は、助成金の会計報告や新年度の申請に忙殺された。「アウトリーチ、もっとやらないと」とつぶやいたのは、そんな時だった。

スタッフを雇ったため、これまで以上に資金も必要になった。そこで2023年5月、東京都に、まとまった額の補助金を申請した。締め切り前の数日間は徹夜が続いた。6月、無事通った。およそ1500万円。

「安堵もありますが、それだけの活動をやらなければ、ということでもあります。女性たちが自立するまで見届けるためには、単純に相談件数を増やせばいいというものではない。でも、たくさんの女性にアプローチをするのも大事です。どうすればよいかは、なかなか分かりませんけどね」

気を引き締めるように、そう言った。

行政と民間団体の協働

路上に立つ女の子を含め、問題を抱えた若い女性への支援を現場で担うのは民間団体だ。NPOや一般社団法人、公益社団法人と、その形態に違いはあるが、彼女たちに手を差し伸べ、居場所を提供する団体はいくつか存在する。

歌舞伎町で路上売春をする女性たちに継続して声かけをしてきたのは、私が知る限り、5団体ほどだ。それぞれ規模は異なるが、いずれも行政の委託や補助を受けて活動を続けてきた。都と新宿区に補助事業はあるが、特に額が大きいのが、坂本さんが2023年に初めて使うことになった都の「若年被害女性等支援事業」だ。

担当する育成支援課は、都庁1号館の28階にある。訪ねると、「マスコミさんの対応は管理職がやることになっているので」と、課長の岡本さんが取材に応じてくれた。

「路上に立つ方々もそうですが、行き場のない若い女性が自分から行政の窓口に来ることはほとんどありません。実際にそういう人の声を聞いて方法を考えるのは、ずっと民間団体がやってきたことです。行政の手が届かない部分を、民間に担ってもらってきたと言えます」

実は、困難を抱えた若い女性の支援に特化した行政の施策はほとんどない。1956年にできた売春防止法に基づく婦人保護事業くらいだが、時代が進むにつれて現場の実態にそぐわなくなっていた。もともと、売春女性の更生と保護が重視され、自立に向けた支援があまり想定されていなかったからだ。DV（家庭内暴力）や虐待、ストーカー被害といった、女性が直面する問題が社会の中で徐々に認識され、個別の状況に即した解決策が必要になっていた。

そこで、厚生労働省は2018年に「困難な問題を抱える女性への支援の在り方に関する検討会」を始めた。その中で議論されたのが、貧困やDV被害からの救済という新たな課題だった。これらの問題がコロナ禍で深刻化したことで、新法制定に向けた動きは国会議員の間にも広がっていった。

こうして超党派の議員立法で提出され、2022年5月に成立したのが「困難女性支援法（困難な問題を抱える女性への支援に関する法律）」だ。女性支援ための新たな法律であり制度で、24年4月に施行される。

この法律の制定をにらみ、厚生労働省が2018年に始めた検討会で示された理念を受けてできたのが、都の若年被害女性等支援事業だった。当初は国が全額を出すモデル事業として設けられ、初年度の予算は3000万円だった。

「新たな法律もこの事業も、それまで民間団体が続けてきた支援を参考にしてできたものです。現場の支援団体の活動がベースにあるので、新法でも行政と民間団体の協働がうたわれています」と岡本さんは説く。支援団体が自主的に始め、行政が着目した活動。その最たるものが、支援が必要なのに自ら申し出ない女性たちに積極的に働きかける「アウトリーチ」だ。

2023年度に都が選んだ事業者は、レスキュー・ハブのほか日本駆け込み寺、ぱっぷす、BONDプロジェクト、若草プロジェクトだった。予算総額は1億8000万円にまで増えた。補助を受ける団体は、アウトリーチと自立支援の両方に取り組むことが求められる。新たに選ばれたレスキュー・ハブと日本駆け込み寺は、いずれも歌舞伎町を拠点に活動する団体だ。

といっても、路上売春をする女性の自立支援に特化した行政の制度があるわけではない。支援の現場では、生活保護や就労支援、未成年であれば児童養護といった既存の福祉施策を使うことになる。大事なのは、一般の人には十分に知られておらず、使うのがためらわれがちなこうした施策に、いかに女性たちをつなぐか、という視点だ。

何か困り事を抱えた女性が相談できる窓口は、自治体にもある。東京都であれば女性相談センター、各区市町村であれば、福祉の担当者が対応する。そこへ行けば誰でも相談に乗ってもらえる。だが、自ら役所の窓口に出向く女性は極めて少ない。「彼女たちは、どんな支援があるかなんて全然知らないんですよ。少し知っていても、自分が使えると思ってない子もいます」という坂本さんの言葉が浮かぶ。

都は２０２２年度まで委託にしていた若年女性支援事業の形を、翌23年度から補助に変えた。事業主体を都ではなく民間団体になるようにしたのだ。

「行政の責任放棄という批判もありますが、（民間に）より自由にやってほしいという意図です。歌舞伎町で言えば、大久保公園の周りにいる方でも、根底の理由はいろいろですよね。生活困窮だったり、家庭の問題だったり。一つの枠組みで解決できるとは思ってい

ません。じゃあ、どうするのという個別の話は、これからも民間のみなさんに背負っていただくことになります」（岡本さん）

坂本さんのレスキュー・ハブをはじめ民間団体が担う役割は、これからも大きい。自ら声を上げることなく、手を差し出されてもすぐには握れない人たちがいる。だから坂本さんは夜の街を歩き、決まった時間に相談室の扉を開ける。いつでも、何度でも、手を差し伸べるために。

第5章 取り締まりのジレンマ

「もう絶対、捕まりたくない」

2022年の夏が終わり、東京でも少しずつ涼しい日が増えてきた。週末の夜、坂本さんたちが開く相談室にエナが入ってきた。開設当初から顔を出す一人だ。いつも、さばけた口調で話をする子で、深刻な相談を持ちかけてきたことはない。ところがこの日は、少し深刻な表情で尋ねるように言った。「最近、ミズキ見ないんだよね。知らないよね。来てないよね。どこいったんだろう」

エナとミズキは、仲良しの友達だ。よく並んで路上に立ち、相談室にも一緒に来る。そのミズキの姿を1カ月近く見なくなり、ラインも既読がつかないという。「前もそういうことあって、その時は携帯止められていただけだったんだよね。今回もそうならいいけど。もしかして、警察に捕まったのかなーって」

だが、ミズキの行方を誰も知らなかった。「見かけたら連絡するよ」と返す以外、言えることはなかった。エナは「まあいいや、何か分かったら教えてね」と言い、相談室を出て行った。

エナもミズキも、その素性はよく知らない。2人とも20代らしいが、年齢は教えてくれないし、本名も名乗らない。一緒に酒を飲みに行くような仲で、住んでいる場所や、他人には決して触れさせない秘密を少しばかり共有しているようだ。それでもエナは、ミズキの本名を知らない。個別に聞いても、「さあ、どうなんだろ」と笑うばかりだ。

姿が消えたミズキは、何週間後かに戻ってきた。歌舞伎町の路上には、以前と同じように並んで客を待つ2人の姿があった。後でエナに「大丈夫だったんだ」と声をかけると、「うん。私からは特に聞いてないけど」とだけ言い、何も語らなかった。それが2人の距離感らしい。

エナには逮捕された経験がある。

何年か前、客を装った私服刑事に捕まった。現行犯逮捕だった。都内の留置施設に10日間、拘留された。「友達が身元引受人になってくれて、迎えに来てくれたから、出られたと思う」。不起訴になり、その足で家に帰った。路上での売春はしばらく控えたが、1カ月ほどして、また立った。

彼女もホストクラブに通う。入れ込むほどではないが、「他に楽しいこともない」というのが理由だ。売春以外に稼ぐ術を知らない。逮捕を経験しても、それは変わらなかった。「さらに用心をするようになったよ。もう絶対、捕まりたくないもん」と話す。

買春は罪にならず

売春は、違法行為だ。売春防止法は、次のように定めている。

この法律で「売春」とは、対償を受け、又は受ける約束で、不特定の相手方と性交することをいう（第2条）

何人も、売春をし、又はその相手方となつてはならない（第3条）

売春防止法は、売春と買春の両方を禁じているが、実は売買春の行為そのものについては罰則がない。刑事処分について定めた第5条以降を見ると、刑罰の対象となるのは「売春をするための行為」だと分かる。例えば、道路など公共の場で、買春をするよう誘ったり、売春相手を待ったりすると、6カ月以下の懲役か1万円以下の罰金が科される。売春のための場所を提供したり、男女の間を仲介・斡旋したりしても罪になる。

売買春そのものを禁じなかったのは、太平洋戦争の敗戦から11年後にこの法律ができた時、売春行為を罰するよりも、防ぐことを重視したためと言われる。「防止法」という名称は、その理念を反映している。この法律が全面施行されたことで姿を消した赤線（公認の売春エリア）ですら、世の中には「良家の子女を守るための防波堤として（その存在も）止《や》むを得ない」（1954年1月16日付「毎日新聞」）とする考え方もあった。

実は戦後間もない頃、売春だけでなく買春にも罰を科す法案が国会で審議されたことがあった。1948（昭和23）年に政府が提出した、「売春等処罰法」法案だ。そこには、「売春をした者」と「（売春の）相手方となつた者」を処罰の対象にすると明記されていた。しかし、この法案は審議未了のままに終わり、53年から55年にかけて、今度は議員提出により審議されたものの、成立には至らなかった。

その後、形を変えて成立したのが売春防止法だった。売春をするための行為が罰せられる一方、買う側に対する罰則はなかった。買春をする男は罪に問われない。だから、警察が取り締まるのは原則として、女性だけとなる。例外は、18歳未満の相手を買春した場合で、これは児童買春・児童ポルノ禁止法（児童買春、児童ポルノに係る行為等の処罰及び児童の保護等に関する法律）によって規制されている。性的搾取や虐待から子どもたちを守るための法律だ。

「警察はなぜ買う方を捕まえないのか」「女性だけを犯罪者にするのは差別的だ」と訴える女性支援団体や専門家は少なくない。そうした意見はネット上にもあふれているし、警察にも寄せられている。だが、警察関係者は「法律がない以上、警察としては、買う側の男性を取り締まることはできない」と話す。

犯罪であることを知らない女性はまずいない。自分も捕まることがあり得ると知りながら、立ち続けている。

珍しくない逮捕事案

警察の取り締まりは、路上に立つ女性たちにとって「大きなリスク」だ。自らの行為が犯罪であることを知らない女性はまずいない。

ある日、レイは数時間前まで一緒にいた友人と連絡が取れなくなった。昼過ぎに歌舞伎町で別れたその夜、ラインの既読がつかなくなった。「知らない?」と知人に尋ねて回ったが、「連絡が取れない」と返ってくるばかりだった。いよいよ気になって、雨が降る中、道に立っている女の子たちに聞いて回った。その友人は、昼間に別れた後、立っていたはずだった。1人の女の子が「そんな子を見た」と教えてくれた。服装や背格好を聞くと、間違いなさそうだ。夕方のことで、警察に連れて行かれる瞬間を見たという。「ついさっきまで一緒にいたんですよ。なのに……」。レイは路上売春をやめていたが、20歳のその友人は続けていた。「やっぱり捕まっちゃうとかあるんですね」

結局、友人は8日後に釈放された。西日本の実家から祖母が迎えに来て、そのまま一緒に帰った。電話の向こうで、「もう絶対、立ちんぼなんかやんない」とショックを隠しきれない様子で言っていたという。

いつも近くにいた子がある日、突然いなくなる。後から、警察に捕まっていたと知ることは、ままある。彼女たちがやっていることは法律上、売春相手の「客待ち」だ。2022年、大久保公園周辺で売春防止法違反の疑いにより51人の女性が捕まった。ほぼ全員が客待ちの容疑だった。

どういった行為が客待ちに該当するのか、警視庁の捜査員に聞いてみた。

「極端に言えば、立っているだけでも該当します。もちろん、友達と待ち合わせをしているだけかもしれないので、立っているだけで捕まえることはあり得ません。ただ、継続的にそこに立って、話しかけてくる男性と交渉し、時にはそのまま2人でホテルへ行く。そして戻ってきて再び立っている。そんな様子が繰り返し確認できれば、立っていること自体が「客を待っている」と判断できるわけです。実際に逮捕に至るまでには、私たちも念入りにそうした様子を確かめています」

警視庁でこうした取り締まりを担うのは、主に本部の保安課だ。風営法や売春防止法を管轄している。生活安全特別捜査隊という、より機動的な動きをする部署や、都内各署の署員が歌舞伎町に来て捜査をすることもある。2022年に逮捕された51人は、全員が現行犯逮捕だった。

２０１8年から22年にかけての5年間で、警視庁は、都内で路上売春をしていた延べ２４０人を逮捕した。うち8割以上に当たる２０１人が、大久保公園周辺の女性だった。コロナ禍が始まった20年は24人（うち歌舞伎町は23人）と少ないが、この年を除けば毎年、40〜60人に上る。ざっと毎月4〜5人が捕まっていることになる。

ある捜査員によると、逮捕された女性が起訴されて裁判で有罪になることはほとんどない。「一定期間のうちに何回も捕まっているような子でなければ、大半が不起訴になる。だから、逮捕された女性が身柄を拘留される期間は、長くても20日間。逮捕から48時間以内で釈放する場合もあるし、短ければ数日で警察署の留置場から出ることになる」。実情を明かし、こう付け加えた。「売春防止法違反は重い犯罪じゃないから」

だからといって、絶対に起訴されないわけではない。歌舞伎町に「20年以上立っている」という51歳のアキエは、10年ほど前に売春防止法違反で略式起訴された。いくらだったか覚えていないが、罰金の略式命令を受けたという。

「起訴だよ起訴。あんまりいないらしいね。でもあたしはされた。短い間に2回捕まったからね。1回目が5月で、2回目が7月。最初の逮捕の時は不起訴になって釈放されたけど、1カ月ほどおとなしくしていたら金がなくなって、また立ったら、「おねえさん、前にも捕まっているよね」って言われて、しょうがねえやって」

それでも略式命令だったから、公判が開かれて実刑を受けたわけではない。アキエも刑務所に入ることなく、ほどなく街に戻ってきた。

当たり前だが、この街で長く売春を続けるほど、捕まる機会は増えていく。

警察の「説諭」

実はユズも捕まった経験がある。

歌舞伎町に来て2年目だった。公園に面した道に立ってしばらくすると、明るい色の髪をした若い男性から「遊べる?」と声をかけられた。交渉が始まり、ホテル代を男性が支払い、それとは別に1万円を彼女に渡す「別1」で折り合った。並んで歩き、目と鼻の先にあるホテルに向かった。この界隈では最も低価格なラブホテルだ。ユズは内心、「ここ(のホテル)かよ」と思ったが、立ち始めてすぐに客がついたので喜んでもいた。何の疑いも持たずホテルの入り口にある階段に足をかけたとき、隣を歩いていたその男性に言われた。

「警察です」

一瞬、何を言われたのか分からなかった。目の前で男性が警察手帳を広げていた。「これ、売春だよ。いけないよね」と言われ、捕まったと知った。「おとり捜査だ、最悪だ」と思った。

そのまま、警視庁が近くに借りていた会議室に連れて行かれた。手錠はつけられなかった。会議室に入ると、机を挟んで椅子に座るよう促された。身分が分かるものを出すように言われ、本名や住所を聞かれた。その後もいろいろ聞かれ、1時間近く話をしたが、その中身は「あんまり覚えていない」と言う。

「とにかくずっと、「まじ最悪」と思っていた。あー、これで実家に連絡行っちゃうのかなとか、逮捕されんのかなとか。お説教みたいの、ずっとされたと思うけど、そんなの言われなくても分かってるし、なんで私だけ捕まんないといけないのって。他にもいっぱいいるじゃん。まじで運が悪かった」

その時のことを、顔をしかめながら話し、「まじ最悪だった」と5回ほど繰り返した。その時に連れて行かれたホテルは「それもあって行きたくないんだよね」と、笑いながら言った。

結局、ユズは逮捕されずに済んだ。事情を聴かれ、売春が犯罪であること、危ない目に遭うかもしれないことを懇々と諭されただけだった。彼女は「説教」と言ったが、警察では「説諭」と言う。ユズは「もうしないように」と言われて解放された。そして、数日後から再び道に立った。二度と捕まりたくはなかったが、ネットカフェ代を稼がなければ泊まるところがなかった。

　ユズには知るよしもなかったが、逮捕されなかったのには理由がある。この頃、警視庁は路上で売春をする女性たちに対して、それまでとは少し違う向き合い方を試みていた。

いたちごっこ

　警視庁保安課の担当幹部はきっぱりと言う。

「警察は治安を守るための機関です。犯罪や事故が起きないように防犯対策もしますし、違法行為があれば取り締まる。風紀が乱れた場所があれば、そこでは犯罪が起きやすいのでパトロールし、力を入れて取り締まります」

　売春防止法違反容疑で逮捕した女性には、素性や売春をするに至った経緯を聞き、裏付けを取る。捜査の結果は、決められた期間内に検察に送る。検察が起訴すれば、裁判所が、刑罰の有無や量刑を決める。こうした刑事手続きの中で、警察は犯罪捜査に徹してきた。徹してきただけ、とも言える。

　ところが、いくら検挙しても路上売春が一向に減らない現実を前に、警視庁は「逮捕一辺倒ではだめかもしれない」と考え始めていた。取り締まりの意義を強調していた幹部は、こうも話す。

「逮捕した女性たちが釈放後、すぐに路上に戻って売春をする事例をたくさん見てきています。はっきり言って、いたちごっこです。それが警察の仕事と言えばそうですが、ただ逮捕するだけでは根本的な解決にならないことは分かっているんです」

女性支援団体からは、弱い立場にいる女性を取り締まるだけかという声も上がっていた。逮捕を続けているだけで効果が小さいのなら、別のやり方を模索してはどうか——。

だから、捕まえても逮捕はせず、路上売春がいかに危険で、彼女たちにとってよくないことかを懇々と説く。捕まるリスクだけでなく、売春そのもののリスクも知ってもらう。

2020年秋から、こうした取り組みを試験的に始めたのだ。

それによって、路上売春を減らせないかという発想だった。その時の判断で逮捕した事案もあるが、それまでなら現行犯逮捕していただろうけど今回は……という対応もあった。ユズが捕まったのは、警視庁がこうした方針に基づく取り締まりを試していたときだった。ユズにとっては運がよかったのかもしれない。

だが、警視庁は、この試みを開始から1年余りで終えることにした。

「我々がいくら説いても結局、路上に戻ってしまうことが多かったんです。意味がないとは思いませんが、効果は小さかった。捕まえた直後の女性と話をしようとしても、中身のある話は聞けないんですよ。顔をつき合わせて、時間をかけて人間関係を作らないと、深い話にならないですよね。単にお金がないのか、家庭に事情があるのか、彼女たちにとっても話しづらいことですし」（保安課幹部）

中には、ぽつりぽつりと事情を語り、捜査員の勧めに応じて行政の窓口につながった女性もいた。だが、それはまれなケースだった。そうこうしているうちに、道に立つ女性が増えていた。取り締まりはやはり重要だった。

とはいえ、支援につなぐ試みも、間違いなく必要だ。もとのやり方に戻すだけなら、逮捕と釈放のいたちごっこを繰り返すことになってしまう。そこで警視庁は、逮捕を対策の軸にしつつ、逮捕した女性と「顔をつき合わせて」信頼関係を築き、支援機関につなぐ可能性を探ることにした。先の試行期間にも、そのための相談員を置いていた。並行して進めていた、この取り組みを残すことにしたのだ。

専門相談員

「今日はよろしくお願いします」と挨拶を交わした女性は、いかにも穏やかで、真っすぐに目を見て包み込むように話す人だった。警視庁保安課の菊地恵美子さん、65歳。2023年4月から、路上売春で逮捕された女性と向き合う専門相談員を務めている。

「やってみて意外だったのは、みなさん結構お話をしてくれるんです。心の底から好きで（売春を）やっているわけではないですね。「本当はやりたくない」という話はもちろん出てきます」

35年にわたり、警視庁で警察官として仕事をし、警部補として富坂《とみさか》署生活安全課にいた2018年に定年退職した。警察職員として再雇用され、東京湾岸署で5年間、犯罪被害者支援に携わった。保安課のポストを打診された時は、「え、何の相談員？」とびっくりしたが、仕事の中身を聞き、自身のキャリアを生かせるかもしれないと思ったという。

警視庁は2022年から、路上売春で逮捕した女性に「立ち直り支援の制度というものがあるんだけど、話を聞いてみますか？」と尋ねるようにしている。菊地さんが面談をするのは、その希望者たちだ。面談希望があると、女性が拘留されている都内各地の留置施設に出向く。取り調べではなく、あくまで面会だ。立会人のいる面会室で、逮捕から4、5日目の女性とアクリル板を挟んで、長くて数十分間、向き合う。逮捕直後には取り乱して泣いてばかりの女性もいるが、面会時には大抵落ち着いているという。

「ほとんどが、ネットカフェ暮らしとか住所不定で、定職もない。逮捕されたのは初めてというケースが大半です。路上売春が違法だと、みんな分かっているけど、捕まる感覚がない。自分の身に起きるってことは、捕まってから実感するんですね。留置場に入り、この先どうしたらいいのかすごく不安がっている。だから、「ここを出た後の話をしに来ました」と言うと、少しホッとするみたいです」

面談の希望者には、まず公的な支援策があることを説明し、出た後にどうしたいかを聞く。すると、多くの女性が不安を語る。

「実は彼氏がいて、一緒に暮らしたいんだけど」「仕事がなくて、でも本当は売春じゃない仕事に就きたい」「実家を飛び出してきたんだけど、本当は帰りたい」……。

その内容に応じて、菊地さんはどんな支援策があるか説明する。住む家が欲しい場合は住居支援や生活保護、仕事が欲しい女性には就労支援。希望があれば、市役所や区役所の福祉担当の窓口に連絡を入れる。警視庁がつなぐ先は行政の窓口に限っているが、そこから、民間の施設やNPO法人につながることもある。

「彼女たちは今を生きるのに精いっぱいで、手っ取り早く稼げる路上売春をしてきたんです。先のことを全然考えられない。住む場所も仕事もない状況で悩みは切迫していても、公的な支援についてみんな本当に知らないんです。私と話をして、少しでも先のことを考えられる状況に持って行ければいいなと思って臨んでいます」

釈放後、行政の窓口まで付き添うこともある。「その時はもう容疑者ではなくて一般人。やっぱり解放感があるのか、みなさん、どことなく落ち着いています。その日を起点に気持ちを切り替えて、住まいや仕事のことを相談できるんだという思いでスタートしてもらいたいです」

　取材を始めて30分ほどすると、菊地さんは、少し間を置いてこんなことを口にした。

「路上で売春をする子たちは、容疑者ではありますが、被害者という面もあります。私は取り調べをするわけではないので、被害者の部分について話ができればと思っています」。そして、はっと気づいたように、「すみません……。みなさんずっと若い方たちなので、つい「子」って言っちゃうんです」と控えめに笑った。

「何の被害者でしょう」と問うと、「明確に言うのは難しい」と言いつつ、言葉を継いだ。

「人それぞれですが、育った環境、親きょうだいの場合もありますし、社会ということもあります。一番の問題は、彼女たちをそこに立たせていること自体だと思います。家庭環境の問題から逃れようと東京に出てきて、でも家賃は高い、仕事もすぐには見つからない。それで、日払いの風俗に勤めたり、路上で売春したりという子もいます。みんな、結局は生活苦ですよね」

　相談に乗る女性たちの多くは、借金がある。ホストやメンズ地下アイドルに入れ込んだ上で作ってしまった売り掛けや、消費者金融からの借り入れだ。それにも理由があると菊地さんは言う。

「特徴的なのは、みんな人づき合いが苦手だということです。過去に定職に就いていた子もいるし、資格を持っている子もいますが、仕事を変えることが多い。理由は人間関係です。相談できる友達や親兄弟がいなくて、それで話を聞いてくれるホストに行くんです。（ホストは）商売ですから上手なんでしょうね。持ち上げてくれるし、気分をよくしてくれる」

路上売春をやめて生活を立て直したいと望む女性にも、ホスト通いについては強く言い含める。

「結局そこを切れないと、またお金がないってことになる。捕まった理由もそれなのに。ホストクラブに借金をするパターンを断ち切らないと、普通の生活をしても、また元に戻ってしまいます。留置場に入っているからか、私の話を結構分かってくれます。それだけみついでも、捕まったらホストは何もしてくれませんから」

「まだまだ手探りです」と、菊地さんはほほえんだ。

初めて専門相談員を置いた2022年、都内での路上売春で逮捕した59人のうち15人が行政の窓口につながったという。

売春をさせる「構造」

警察が明らかに意識していることがもう一つある。取り締まりの対象を、女性たちだけに限らないということだ。彼女たちが路上で身を売る原因に捜査のメスを入れることができれば、大きな抑止になる。

2023年4月、警視庁は歌舞伎町のホストを逮捕した。路上で売春をするよう女性客をそそのかしたという、売春防止法違反（客待ち）の教唆容疑だった。道に立つ女性の急増は社会の関心事となっていたこともあり、ホストの逮捕は、テレビや新聞だけでなく週刊誌やスポーツ紙でも相次いで報じられた。この容疑での摘発は60年ぶりということも、話題になった。

ホストの男はカガワ（仮名）という25歳で、その勧めに応じて売春をした女性は23歳だった。カガワが逮捕される2週間ほど前、警視庁は、この女性を売春防止法違反容疑で現行犯逮捕した。取り調べの中で女性は、路上に立った経緯について「ホストクラブへの掛けがあり、返済に困っていたら、ホストから路上売春をするように言われた」と供述した。それがきっかけで、カガワの関与が明らかになった。

「生活費に困っているなら、立ちんぼしてみなよ。立ちんぼで稼いだら、店でも会えるし、返済もできるから」

カガワはそう言ったという。口頭だけでなく、スマホにもメッセージのやり取りが残っていた。「立ちんぼに行けばいいの？」と尋ねる女性に、「立ちんぼが主流、こっちは」「なんなら、大久保公園いったらいっぱい女並んでいるから、それと一緒みたいに待ち合わせしているふりして並んでいたらいいよ」とアドバイスしていた。

女性はその2カ月前から、カガワが働く店に毎晩のように通っていた。その都度、支払いをしていたが、常に20万円近い掛けを抱えてもいた。3月上旬、カガワにけしかけられた女性は、返済のために売春を決意。経験は全くなかったが、その日から連日、大久保公園周辺に立ち始める。自分が逮捕される日までおよそ40日間、欠かさず立ち続けた女性は、売り上げの8割をカガワに渡していた。残った分は生活費に充てていたらしい。

4月末に逮捕されたカガワも容疑を認めた。警察の調べに、「（女性は）自分に対して掛けもあったし、生活費にも困っていた。自分の売り上げや指名の本数を上げるため、簡単に稼げると思った立ちんぼをするようけしかけた」と話したという。

「この事件は氷山の一角」と捜査幹部は言う。

ホストクラブに通わせ、ボトルを入れさせて散財させ、払えなくなった客に風俗店や路上での売春を勧め、時には斡旋する。店側が女性の支払い能力を見極めず、明らかに限度を超えた額を使わせるということが常態化している。借金を背負った女性客が返済のために売春することを、この捜査幹部は「構造的な問題」と断じる。

2023年1月、警視庁がホストを逮捕した事件もそうだった（→第3章）。この事件では、店への掛けが膨らんだ女性客に対してホストが返済を強く迫り、各地のソープランドで働くように仕向けたとされた。女性の掛けは総額1000万円とされたが、捜査関係者によると、店側が過剰に請求した分も含まれていたという。

「風俗やりなよ」

レイも、ホストから風俗店で働くよう盛んに勧められたことがある。2022年秋のことだ。ホストクラブに毎晩通い、金は常になかった。膨らまないようにしていたが、掛けもあった。あるとき、担当から「風俗やりなよ。デリ（デリバリーヘルス）でもソープでも、店につないでくれるスカウトを紹介するから」と言われた。

売春は以前からやっていたし、風俗店に勤めたこともあったから、体を売ること自体への拒否感は小さかった。でも断った。裏を知っていたからだ。

「ホストから紹介されたスカウトや風俗店はホストとつながっているってことでしょ。だから、もしそこで働いたら、どれだけ出勤して、何人の客を取って、いくら稼いだかが全部筒抜けになるの。私の売り上げに応じて、店からスカウト、スカウトからホストにキャッシュバックもある。むしろ、バックのために全部報告がいくんだよね」

さらには、担当のホストに、金の使い方まで指図されるようになる。

「おまえ、今週いくら稼いだんだから、これだけ使えるだろとか言われるの。ほかで使いたかったとしても、全部自分の店で使わせようとするし、収入も知られているから、ごまかせない。だから私は断った」

ホストから風俗を勧められている若い女の子は周りにもいたという。レイ自身は売春をいとわなかったし、ホストへの恨みもない。それでも、「売春とか風俗とかを全然知らない子に掛けを作らせて、払わせるためにそれをやらせるのは違うと思う。「沈める」とかって言うけど可哀そうじゃん」と話す。

担当が風俗を勧めるのは、決まって第三者には聞かれないシチュエーションだったという。「ラインとかインスタのメッセージとかでは送ってこない。自分の言ってることが違法で、残すとヤバいと分かっていたんじゃないかな」

レイは結局、別のスカウトに自分で頼み、風俗店を紹介してもらった。風俗店で働きながら大久保公園周囲に立ち、店を辞めた後も坂本さんに出会うまで路上売春は続けた。

サユリが路上に立ったのも、ホストがきっかけだった。ユズを坂本さんの相談室に連れてきた女の子だ。彼女は17歳の時に北関東の実家を飛び出し、歌舞伎町に来た。ホストクラブに通っていたが、18歳未満だったから風俗店では働けなかった。「どうしたらいい？何か稼げる方法ないかな」とスカウトに尋ねると、「大久保公園に立てば稼げるよ」と教えられた。それから立つようになった。

「カネがなければ体を売ればいい」。そう考える女の子もいるが、より軽く簡単に考えて口にするホストやスカウトがいる。彼らは、自分の体を売るわけではない。女性たちが性を売って得た金が、自分たちに流れ込むように仕向けている。

「めちゃくちゃ試行錯誤」

2023年4月に逮捕されたホストは、女性客に対して売春をそそのかしたとされる。そういった行為自体は決して珍しくないようだ。だが、警察が逮捕まで踏み切るのは極めて稀だ。

「売春している女性は「お金に困っていた」とか「ホストクラブで遊ぶ金が欲しかった」「推しの（好きな）ホストに使うためだった」という話はしても、ホストの具体的な話をあまりしない。だから、ホストが売春をそそのかしたという事件は立証が難しい」と、ある捜査員は話す。

うなずける話だ。ホストに入れ込んでいる女の子の取材をしていても、彼女たちがホストのことを悪く言うことはまずない。掛けに追われたり、あり金の大半をホストにつぎ込んだりして苦しんでいる女性を見ると、つい「搾取されている」と見てしまうが、彼女たちからすれば、推しのホストに会いに行くためであって、ホストを悪者にはしたくない。この事件では、女性はホストに言われるまで売春をしたことがなかった。だから、売春をした経緯を聞かれて、「ホストに言われて」と説明することになった。

警視庁専門相談員の菊地さんも、「最初は1万、2万円なんですね。それが、入れ込んでしまうと額が大きくなっていく。すごい金額をみついでいる子もいます。みんな、ホストとの時間のために(路上売春で)働いているんです」と話していた。

これまで何度も話を聞いた保安課の幹部は、売春の現場で長年、捜査に携わってきた。レスキュー・ハブの坂本さんとも旧知の間柄だ。

「女性を捕まえる。支援につなぐ。それは大事なこととして続けていくが、彼女たちを売春に導いている側も取り締まっていかないといけない。ホストが女性客に掛けを作らせて売春させる。問題の本質は、誰が見ても明らかです。捜査をする側としても、そこにメスを入れていくのは非常に重要だと思っています」

2023年5月、地元町内会の呼びかけで警視庁は、新宿区や町内会と合同で歌舞伎町のパトロールを始めた。民間の支援団体や行政との連携を強め、当事者である女性たちへの呼びかけを増やしていくという。

その2カ月後の7月には、春に続いて大久保公園一帯で集中的な取り締まりが再び実施された。ある土曜日には5人が捕まった。1月以降、近年にないペースで逮捕者は増え続けている。

保安課の幹部は言う。

「捕まえるわけですからね。正直、立っている女性たちから敵対視されることが多いです。でも、取り締まりや相談、支援の取り組み、防止のための啓発。どれも大事です。彼女たちをどうやったら減らしていけるのか、めちゃくちゃ試行錯誤して、もがきながらやっています」

葛藤やジレンマは、取り締まる側にもある。

第6章

彼女たちはどこへ行くのか

女の子たちが路上に立つ理由はさまざまだ。ある子は親の暴力から逃れて歌舞伎町にたどり着き、別の女性はコロナ禍で仕事を失い、定職を見つけられなくて、売春を始めた。昼間の仕事では生活費を賄いきれず、子どものおむつ代を稼ぎに来ているシングルマザーもいた。第2章で紹介した3人は、売春で得た金をホストクラブで使っていた。そんな女性たちと接したとき、私の中に「一時の享楽に身をゆだねているだけでは？」という思いがなかったと言えば嘘になる。

一方、彼女たちが、「ずっと今のままではいられない。いつかは路上売春をやめないと」と思っていたのも事実だ。何かから目を背けるように過ごす中で、「いつか」はいつ訪れるのだろう。この街に立つのをやめた時、彼女たちはどこへ行くのだろう。

1 「誰にも知られたくなかった」……ユズ

せっかく就いた介護の仕事をユズが辞めた時、正直に言えばがっかりした。彼女は辞めてすぐ、新潟の風俗店に2週間の出稼ぎに行った。そこで得た金は、ホストクラブへの支払いに消えた。再びネットカフェ暮らしに戻り、相変わらず「体のどこかが痛い」とこぼしていた。そんな世界から抜け出る一歩を踏み出したはずだったのに。坂本さんたちは精一杯、時間をつくって就職の手続きを手伝い、連絡がつかなくなっても見放さなかったのに。そうしたことをどう考えているんだろうと思った。

だが、歌舞伎町から離れられず、売春をしてホストクラブに通い続けるのは自業自得で自己責任なのだろうか。手を差し伸べても仕方がないと見切ってしまうべきなのか。そうとは思えなかった。彼女自身も言葉にできない何かがあるのではないかと思った。だから、ホストに入れ込むユズにしばしば聞いた。

「ホスクラ、なんで行くの?」「やっぱり楽しいの?」

その度にユズは「うーん……別に行かなくてもいいんだけど」、「別に歌舞伎(町)にいたいわけじゃないんだけど」と言った。語尾はいつも「けど」で終わり、後に続く言葉はなかった。急に黙り込んでしまうユズとの会話は、そこで途絶えがちだった。

いたいわけではない歌舞伎町を、なぜユズは居場所にするのか。出会ってから1年以上が経った頃、私は、この街にいる誰もが知らなかった彼女の過去に触れることになった。

きっかけは、妊娠だった。

望まぬ妊娠

ユズが妊娠に気づいたのは2023年3月末だ。2カ月間、生理がなかった。友達に言われて検査薬を薬局で買い、ネットカフェのトイレで使った。すぐに陽性を示す赤い線が現れた。「げっ」。思わず声が漏れた。最初に思ったのは、「誰の子だよ……」。望んだ妊娠ではなかった。

どうしようと思い、翌日、産科があるクリニックを受診した。「妊娠12週」だと言われた。エコー写真を撮り、赤ちゃんの影を見せられた。「元気に育っていますよ」と看護師に言われたが、実感はなかった。「相手はたぶんセフレだろうな」と何となく思った。

ユズにはセックスだけを目的にする相手がいた。何カ月か前、東京・日暮里の風俗店に勤めていたときの男性客だ。20代ということ以外は何も知らない。

「最初は客だったけど、外で会っていた。イケメンだったからタダでやってた。何の仕事をしている人かも知らない」と言う。「でも、日付がちょっと合わないんだよね」

風俗店や路上で会った他の客の可能性はないのか聞くと、「それはないと思う」と言う。「客とはほとんどナマ（コンドームを付けないこと）でやらないし、やっても外に出してもらうから。セフレとは……ナマだったし、2月にやったときは、中（膣内）に出されたから。あー、あの時だったのかなあ」

3月末に12週目だとすれば、妊娠1週目は1月上旬で、2月ではない。「日付がちょっと合わない」とはその意味だが、よくよく聞けば1月にもセフレの男性と会っていたという。「ゴムは付けていなかったと思うけど、中に出されたかどうかは覚えてない」

相手は妊娠したことを知っているのか尋ねると、「一応言った」という。4月に入って、セフレから「会おうよ」と連絡が来た時にラインで「妊娠したんだ」と伝えたらしい。「おめでとう」という言葉が送られてきただけだった。「無責任じゃない?」と水を向けてみたが、別にそれでよかったという。「DNA(型鑑定)やりたいけど、そんな金ないし。どうせ結婚したいわけでもないし」

ユズはすぐに坂本さんの相談室へ行き、妊娠の事実を告げた。

「産みたい」

妊娠12週というタイミングは、母体保護法が定める妊娠初期(12週未満)を過ぎているが、22週未満が対象の中期中絶手術は受けられる。望まない妊娠をした女性たちが中絶を選ぶことは珍しくない。坂本さんや、一緒に活動するNPOのスタッフたちは、中絶手術と子育ての両方について、メリットやリスクを説明した。そして、どちらか一方を勧めることもなく、彼女自身がどうしたいかだけを聞いた。

ユズは迷わず「産む」と言った。「中絶したら、この先、子どもを産めない体になっちゃうかもしれない」と思っていた。一般的に、中絶手術を受けることによる不妊症のリスクはないとされる。ただ、中期中絶の場合は合併症のリスクが増え、母体にかかる負担は心身ともに大きい。ユズは、いずれは子どもがほしかった。「堕ろしたくない」とも言った。

産むと決めたとき、「これで夜（の仕事）からあがれるかも」とも思った。セックスをして金を得る仕事が好きだったことはない。「慣れ」はあったし、そこまで嫌でもなかった。「でも、しんどい。やらなくていいなら、やめたかった」。出産が、これまでの生活から抜け出すきっかけになると思った。

本人のそんな気持ちを周囲は尊重した。

ユズが「ママ」と呼び、なついていた女性ボランティアがいる。渡辺美代子さん（55歳）。坂本さんが相談室を開いた直後から通い続ける社会福祉士で、いつも明るく元気な姿は、女の子たちから「お母さんみたい」と慕われていた。少年院の臨時職員を務め、捨てられた動物の保護活動に取り組んでいる。妊娠や出産に関して悩む女性たちを支援する民間団体のスタッフでもある。

渡辺さんは、「あなたがどうしたいか決めるのよ。決めたことはサポートしてあげるから」と話しかけた。「産みたい」という返事を聞くと、「それなら、子どものことを一番に考えなくちゃね」と言い、体を大事にするよう促した。

ユズは喫煙と飲酒をきっぱりやめ、ノンカフェインのお茶を飲むようになった。「タバコ、吸いたいなあ」とこぼすこともあったが、決して手を出さなかった。

坂本さんや渡辺さんは話し合い、ユズは実家に帰って出産するのが一番いいという結論に至った。来てから3年以上が経つが、東京には家族も住まいも仕事もない。聞けばユズは、両親との関係も悪くない。本人は「東京がいい。東京で産みたい」とこぼしたが、結局はその案を受け入れた。里帰り出産のため、ボランティアの女性に付き添われて実家に帰ることになった。

母親の思わぬ発言

4月上旬、実家にいるユズの母親を交えたオンライン会議が開かれた。参加したのは、坂本さんや渡辺さんを含め、彼女を支援する大人が数人とユズだ。パソコン画面に母親の顔が映り、ユズは少し居心地を悪そうにした。翌週に帰郷を控え、事前に一度は顔を合わせておきましょうと、周囲の支援者たちがユズを通じて母親に持ちかけた。

誰も知らなかった事実が語られたのは、その席上だった。

「よく似ていらっしゃるのね」「よく言われるんです」

互いに自己紹介をし、これまでの経緯を説明した。帰郷当日のスケジュールの確認に入ると、母親は何度も謝意を述べた。そして、ふと思い出したように言った。

「あの子、ちょっと知的（障害者）なんです。そのこと、（周囲の人たちに）言ってます？」

少しの間があいた。ユズが障害を明かしたことはない。渡辺さんが「あら、そうなの。聞いたことはなかったわ」と返すと、母親は続けた。

「嫌がって本人は返しちゃったんですけど、療育手帳を持っていたんです。高校も、養護学校だったんです」。障害の程度は2区分の軽い方で、ほかに持病があるとも言った。しばしの沈黙が流れた。

心の底から知られたくなかったのだろう。唐突に出た母親の言葉に、ユズはふくれた。みるみる仏頂面になり、誰が話しかけても頑《かたく》なに返事を拒んだ。両手をひざの上で堅く握ったまま、浅く座った椅子の背もたれに背中を預けていた。微動だにせず、母親が映ったパソコンの画面に、見るともなく目を向けていた。ボランティアの女性が、「手帳、持たないの？　持ってると、年金も毎月もらえるんだよ？」と話しかけたが、強い口調で「いらない」とだけ答えた。

普段は自分の気持ちをはっきりとは口にせず、人から勧められると断れないユズにしては、珍しくきっぱりとした意思表示だった。

捨てようとした過去

私は、会議を傍で聞いていた。彼女が捨てようとした過去が明かされたのだと思った。

ユズとのこれまでのやり取りが思い起こされた。

初めて会った2021年の冬以来、相談室で顔を合わせるたびに少しずつ話をするようになり、やがて軽口をたたくようになった。冗談や下ネタを好んで口にする明るい性格で、道に立っている時に会えば、ふざけて自動販売機の飲み物をせびることもあった。何度か食事に行き、生い立ちやその時々の暮らしぶりを聞いた。

ユズと実家の関係は、ずっと悪くなかった。数日間だったり1カ月近かったりと滞在期間はまちまちだったが、何度も実家に帰省していた。

その度に「やることがない」と、東京に戻ってきたが、「実家はご飯も出してくれるし、部屋もあるし楽だよ」と言った。母親とはしょっちゅうラインを送り合い、毎晩のようにビデオ通話をする時期もあった。両親の話をすることを嫌がらず、介護の仕事に就いたときも、「給料でお父さんに何か買ってあげようかな」と笑っていた。私は「いつか地元に帰って働くようになればいいのに」と勝手に思っていた。

でも、振り返れば、彼女が顔をほころばせるのは、実家の話をする時だけだった。家族のことを語る時のほがらかな口調は、故郷の町に話が及ぶと途端に暗くなった。誰かが勧めても、地元の町に戻って暮らすことを嫌がり、うまく説明できないのに「東京がいい」と言い張った。「地元の友達とかいないの？」と聞くと、尋ね終わる前に「いない」と答えた。それは、療育手帳の再取得について聞かれた時の返事と、よく似ていた。

オンライン会議から数日後の昼、私はユズとファミリーレストランで向き合った。前日から、ユズはある女性支援団体がシェルターとして使うマンションの一室に寝泊まりし、翌日にはそのスタッフに付き添われて郷里に帰ることになっていた。会って話をするのは、最後かもしれない。だから私は尋ねた。妊娠のこと、生まれてくる子どものこと、そして障害のことを。

食べ終わったナタデココの器を置き、彼女はぽつぽつと話をし始めた。

「別に実家は嫌じゃない。お母さんも……2人でしゃべってる時はいいんだけど、あんなふうにみんながいると、なんかイラっとしちゃうだけでさ。でも地元は嫌だ。小さな町だからとか、映画館やデパートがないからじゃない。いる時から嫌だった。帰ったときも外に出ないもん」

自分が決して明かさなかった障害のことを口にした母親に、ずっと怒っていた。

「知的（障害）っていうのも、そんなん別に言わなくたっていいじゃん。お母さんも（オンライン会議で）余計なこと勝手に言うから」

ユズの故郷は、本当に小さな町だ。病院や役所、ショッピングセンター。どこに行っても、すぐに知り合いと会うだろう。そして、障害があることを知っている人たちがいた。病院にも役所にも記録が残っていて、目の前の人が知っているかもしれない。それがどうしようもなく嫌だとユズは言った。

「障害がある子だっていうふうに見られるのが嫌なの」

かつて故郷でどんな経験をしたのか、彼女は言いよどんだ。「バカにされたことがあるんだよね。そういう人がいるんだ」とだけ言った。だが、知的障害の程度によっては障害年金が毎月、何万円か支給される。公共料金が一部減免されたり、税金の優遇措置を受けられたりもする。療育手帳をもう一度取得するつもりはないのか、改めて尋ねてみた。

ユズは黙って首を振った。

「誰にも知られたくなかったっていうこと？」と聞くと、そうだと言った。東京で暮らした3年以上もの間、自分に障害があったことは誰も知らなかった。「相棒」と呼び合ったサユリも、ネットカフェで一緒に暮らしたモモも、客の男たちも、一人として。

「だって、別にそれでも普通に接してくれるじゃん。誰にも聞かれたことなかったし。なんでそんなの自分から言わなきゃいけないの？」

売春をする女性の中には、自分の知的障害を隠さない人もいる。精神疾患や精神障害、身体的な病気や障害がある女性もいるし、ヘルプマークを鞄にぶら下げている女の子を見かけることもある。

でもユズは違った。「自分で言ってる子もいるけど、そうすると、「あの子、やっぱりそうなんだ」ってなっちゃうじゃん。ダメな子だって思われたり、引いて見られたり」と語気を強めた。

居心地のいい場所

自ら明かさなければ、誰にも聞かれなかった。客の男にとっては、納得できる金額でセックスできればいい。女の子たちは、気が合えば一緒に過ごし、面倒になれば離れるだけだ。過去を詮索しないのは、この街で生きるための暗黙のルールのようなものだ。ユズにとって、そんな場所は居心地がよかった。

中でも、ホストクラブは、彼女が最も楽しく過ごせる場所だった。酒が好きなわけでもなければ、ちやほやされたいわけでもなかった。何が楽しいのか尋ねると、一貫して「自分の周りにはいないようなイケメンと普通に話すのが楽しい」と答えた。たとえ、高額の支払いと引き換えだったとしても、素性や仕事について、何も聞かずに笑顔で迎え入れてくれ、冗談を言い合うホストとの時間は、これまで得られなかったものだった。

「ホストクラブで過ごす時間って、ホストクラブ以外にないんだよね」

かつてユズが口にした言葉は、心の底から出たものだっただろう。そこで過ごす時間を、かけがえのないものだと思っていた。

妊娠していると知ってからも、ユズは一度、ホストクラブに行っていた。

「でもアルコールは飲んでないもん。カフェインが入っていないお茶だけだったし、1時間だけ。タバコも吸ってないし。今の担当は無理強いしてこないから」

年が明けてから、彼女はホストクラブに19万円の掛けをつくっていた。出稼ぎに行っては少しずつ返していたが、帰郷を翌日に控えたこの日になっても、「まだ5万（円）残ってる」と言う。「もう払う機会もないじゃん」と返してみたが、「えー、もう行けなくなっちゃう」と首を振った。また行きたいのだ。

「また東京に戻ってくる」

オンライン会議があった日、パソコンの電源を落とした後も、ユズは「（出産後に）落ち着いたら、また東京に戻ってくる」と言い続けた。周囲の大人たちは「あんた、そんなことより、まずは元気に赤ちゃんを産むことだけを考えなさい」と諭したが、そのたびにユズは少しムキになって、「絶対に戻ってくる」と繰り返した。それほどまでに東京にこだわる理由は、何度尋ねても、よく分からなかった。

ファミレスで向かい合ったユズは、食べ終わった後もスプーンを握りながら、手元を見続けていた。翌日に帰郷を控え、東京に残る理由を探しているようだった。

平日の午前中だからか、店内は空いていた。何かの集まりの帰りに立ち寄った高齢の女性たちや、男性サラリーマンらが窓際の席にぽつぽつと座っているだけだった。私たち2人は、陽の当たらない奥の席で話し続けた。

「あーあ、産むなら東京がよかったな……」

彼女はそう言ってドリンクバーに行くと、少し迷って野菜ジュースをグラスに注いだ。春先にしては暑い日だった。

「本当はアイスティーがいいんだけど、カフェインが入ってるかもしれないから」

一応は気を使っているのだ。つわりや体調の変化は「まだない」という。

「子どもを産むっていうのは全然実感ない。初めてだし、自分ではよく分かんないよ。つくろうとしてできたわけじゃないし」

出産について尋ねると、彼女は少し不安そうに顔をしかめた。スマホを手にすると、クリニックでもらったというエコー写真の画像を開いた。白と黒のコントラストの中に、はっきりと頭の影が浮かんでいた。この画像を見ると、「『ああ、いるんだ』とは思う」と言う。写真の余白に鉛筆で書かれた日付は出産予定日だ。もう半年を切っている。「この子、育てていくと思うと、どう？」と聞くと、ユズは語気を強めた。「産めば育てられるよ、たぶん。子どもとか、もともとは好きじゃないし、他人の子どもは全然興味ないけど、自分の子どもだもん。それより産んだら東京戻ってきたい。子育てはこっちでしたいんだよね。新宿じゃなくていいよ。東京の田舎の方で。千葉でもいい」

実家にいれば両親にも子育てを手伝ってもらえるのではと言ってみたが、「えー嫌だ」という答えは変わらなかった。

1時間半ほど話をし、私たちはファミレスを後にした。「元気でな。ちゃんとお母さんや病院の人たちの言うこと聞くんだぞ」。シェルターの前で、別れ際にそう言葉をかけた。ユズはうっすらと笑みを浮かべながら、ドアの向こうから手を振った。表通りの桜はすっかり花を散らし、青々とした葉が茂り始めていた。陽差しは強く、木々は路面に濃い影を落としていた。

翌日、ユズは飛行機で郷里に帰っていった。

機中、彼女の機嫌はずっとよくなかったらしい。彼女にとっての東京は、最初から最後まで歌舞伎町だった。初めて居場所と思えた街だ。ネットカフェを転々として首を痛めても、体を売り続けてホストクラブに通った。自分に障害があったことを誰も知らず、イケメンと笑って酒が飲めた。彼女はそんな日々を、3年以上にわたって続けた。

予期せず断たれることになった日々に、どれほど後ろ髪を引かれる思いがしただろう。

郷里にて

帰郷したユズは、しばらくの間、歌舞伎町の人たちとの連絡を絶った。渡辺さんのラインにも返信はなかったし、私のラインにも既読が付かなかった。アカウントは残っていたが、いつも一緒にいた友達のカナエやサユリのメッセージにすら反応しなかった。彼女たちがラインではなく電話をかけても出なかった。

実家に戻ってからは、ユズだけでなく母親も交えて、歌舞伎町の支援者らと定期的にオンライン会議を開くことになっていた。だが最初の日、画面に映ったのは、母親だけだった。

「あの子、ずっと寝ちゃっていて……」

申し訳なさそうに話す母親に、渡辺さんは「ちょっとだけでも声を聞かせてくれればねえ」と言ったが、母親は「寝ちゃっていて……」と繰り返した。仕方なく、会議は翌日に延期された。

しかし、次の日もユズは出てこなかった。自分の部屋で寝ている、と母親は言う。

「みんな準備して待っててくれたんだよ。今日も夜に時間を取ってくれるっていうから、あんた今夜はちゃんと出るんだよって、昼間に何度も言ったんですけどね。しまいには本人が怒り出すくらい。本当にすみません……」

そう言い、母親はビデオ通話がつながったスマホを手に室内を歩き始めた。まもなく、布団にくるまったユズが映し出された。渡辺さんは、スマホをユズの耳元にあてるように母親に頼み、声を張った。

「ほら、ユズちゃん。久しぶりだね。待ってたんだよー。今日はね、その後のことが聞きたいんだ」

なんの反応もなかった。ぴくりともしなかった。眠り込んでいたのかもしれないし、聞こえていても、一切のコミュニケーションを拒むつもりだったのかもしれない。「すみません」と繰り返す母親に、渡辺さんは「いいのよ」と笑顔で返し、「じゃあ、お母さんと少し話せるかしら。その後どうかしら。状況を聞いておきたくて」と問いかけた。ユズには気分に波があり、実家に帰ったことで、その波が大きくなっているようだった。

春が過ぎ、梅雨に入った東京は、連日じめじめした日が続いていた。ある日、渡辺さんが、「ユズちゃんからね、久しぶりに連絡があったのよ」と嬉しそうに教えてくれた。

ふさぎ込みがちになりながらも、ユズは両親に見守られて実家で過ごしていた。妊娠を知った当初は怒った父親も、ユズを心配して迎え入れた。ユズには、歌舞伎町時代の誰も知らない持病があり、しばらく地元で入院していた。病状は改善し、母親は「こちらの保健師さんも親身になって話を聞いてくださって」と喜んだ。

当初は連絡を断っていた友人たちとのやり取りも復活した。久しぶりに返信をもらった渡辺さんは喜び、「ひと安心ね」とつぶやいた。

実家に戻った直後、ユズのラインのアイコンが、自分の写真になった。ただし、顔の部分は塗りつぶされて、ぐちゃぐちゃになっていた。それを見た女性ボランティアは、「心配だね。自分を否定する気持ちでいっぱいの時に、そういうことをしちゃうんだよ」とつぶやいた。精神保健福祉士の資格を持ち、たくさんの若年女性を支援してきた人で、ユズのことも見守ってきた。

ユズは今も、「絶対に東京に戻る」と思っているのだろうか。坂本さんも、彼女が身重のまま、ふっと戻ってきてしまわないかと心配し続けている。ただ、ユズが遠い郷里に帰った後、東京にいる支援者たちにできることは多くない。「困ったらいつでも力になるからね」と声をかけ、寄り添い続けるだけだ。ユズのアイコンはしばしば変わり、そのうち塗りつぶされていない顔の写真になった。

「この先、彼女が無事出産して、家族と一緒に育てることができれば、それはもちろん素晴らしい。でも、もし育てられないってなった時に、誰にも相談できなかったらどうする？　そんなことにしないために、私たちは彼女とつながり続けるしかないわね」と渡辺さんは言う。

ユズが去った後も、歌舞伎町の相談室の様子は変わらない。彼女を知る女の子たちは時折、「あいつ元気でやってんのかな」と言ってスマホを開く。返事は来たり、来なかったりするようだ。

2 「ちゃんとした家族が欲しい」……モモ

「もう疲れた」

今夜もネットカフェに泊まると、モモは言った。「どこの？」と聞くと、歌舞伎町から少し離れた場所だった。繁華街から遠い分、少しだけ安い。相談室に残りたい素振りもみせたが、日付は30分前に変わっていた。

「また相談しに来てもいい？」

そう言ってモモは腰を上げた。その夜、他の女の子たちがいなくなってから、切り出した話は2時間近くに及んだ。生まれ育った町で家族から受けた虐待から、ホストに会おうと家を飛び出した日のことまで。歌舞伎町に来てから9カ月間、住む家のない暮らしを続けてきた。「もう疲れた」と言った。

坂本さんが、「おう、また相談しよう。受給が続いているなら、生活保護がどうなっているのか確認しないといけないし、またおいで」と応じると、ようやく表情を少し緩めた。コートを羽織り、「これも安かったんだ、3000円。いいでしょう。私、そういうの見つけるのが上手なの」と笑うと、もらったレトルト食品や菓子類を詰めた紙袋を提げ、街の中に消えていった。2023年3月、冬の寒さが遠のき、薄手のコートでも過ごせる日が増えてきていた。

15歳の少女

モモには、他人のことを放っておけないところがあった。少し前までネットカフェでユズと同じ部屋に泊まっていた時は、彼女の分まで料金を払う一方、ユズの生活にも口を出した。お節介は、彼女の人間関係を難しくしていたが、優しさの表れでもあった。

　そんなある日の夜、坂本さんにモモが電話をかけてきたことがある。

「いまトー横にいるんだけど、「売り（売春）をやる」って言ってる女の子がいるんだ」。

心配しているようだった。以前からモモは、トー横広場を居場所の一つにしていた。

　大久保公園周辺に立つ女の子たちの中には、客待ち以外の時間をトー横広場で過ごす子もいる。広場には「トー横キッズ」だけでなく、年配の路上生活者や、ただ集まって酒を飲む若者たちもいる。ゴミやこぼれた酒、吐《と》瀉物《しゃぶつ》のすえた匂いが立ちこめるが、誰がいてもいなくても、誰も気にしない。

「トー横」の存在は２０２１年、いくつかの事件をきっかけに広く知られるようになった。中でも、この年の11月にホームレスの男性を数人の若者が集団で暴行して死に至らしめた事件は、メディアで大きく報じられた。以来、行政や警察は、未成年者が広場に集まらないよう、対策を講じてきた。イベントの開催時には柵を置いて出入りを禁じ、揃いの黄色いベストを来た見回り要員を配した。しかし、状況はあまり変わっていない。少女を狙ったわいせつ事件、市販薬のオーバードーズ（過剰摂取）や違法薬物による救急搬送は後を絶たない。23年4月、広場に面した高層ビル「東急歌舞伎町タワー」が開業した後も、少年少女らは広場に集まり続け、一日のうち、少なからぬ時間を過ごしている。

モモから電話を受けた坂本さんが出向くと、モモの隣に15歳の少女がいた。都内西部の家を出てトー横に来たが、お金がないという。もう電車もない。どこかに泊まるために売春に手を出そうとしていた。「なんとかしてあげてほしい」とモモは坂本さんに頼んだ。

少女は「帰りたい」とも口にした。坂本さんは、その少女を車で自宅まで送り届けた。途中で警官に止められたらどう説明しようという懸念が一瞬、頭をよぎったが、後ろの席にはモモも同乗した。周りに困っている人がいると、放っておけないところが、モモにはあった。

臨月

3月にモモが坂本さんに相談したのは、自分のことだった。

今の生活を変えたいと願う女の子がいれば、坂本さんはその背中を押す。話を聞き、モモがかつて暮らしていた自治体に問い合わせをしようかと考え始めた。だが翌週、事態はまったく別の方向に進むことになる。モモが「妊娠しているかもしれない」と言ってきたからだ。

実は、相談室のスタッフたちは、モモの体型を見て少し気にしていた。それとなく体調を気遣って聞いたこともあったが、彼女は「これは違うよ。みんなに言われるんだよね」

と嫌がった。もともと、若干ふっくらした体型だったこともあり、それ以上のやり取りにはならなかった。

だが、本人から相談が切り出された日、相談室のスタッフたちはすぐに動いた。近くのレディースクリニックに受診の手配をし、別の女性支援団体のメンバーたちが支援に入ることになった。クリニックには、レスキュー・ハブの女性ボランティアが付き添った。

「間違いないと思いますよ。おなか、動いていましたから」

モモに同行したボランティアから坂本さんに連絡があった。診察を受けると、妊娠36週目だと分かった。産むか産まないかを考える時期はとうに過ぎていた。いつ産まれてもおかしくない、臨月と呼ばれる段階だ。

妊娠36週以降は、週1回の妊婦健診が推奨されている。ところがモモは、それまで一度も病院に行っていなかった。それどころか、薄着のまま冬の街路に立って体を売り、ホストクラブにも通い続けていた。足が痛くて立てないと路上にうずくまっていたあの日は、妊娠後期に入った頃だったのだ。

自分が妊娠していると全く気づいていなかったのか、私には分からない。子どもの父親についても何も語らなかった。彼女自身、はっきりとした心当たりはなかったのかもしれない。路上に立つ女の子の中には、望まぬ妊娠や金銭トラブルといった、対処が必要な事態を前にすると、よほど切羽詰まった状況に陥るまで、目を背けてしまう子が少なくない。彼女が気づいていたかどうかはともかく、重要なのは、母子の安全を守るためのサポートだった。支援者たちは、出産ができる病院を急いで探し、モモを都内にある公立の総合病院に連れて行った。すぐに入院が決まり、翌月に帝王切開をすることになった。幸い、母子ともに健康だった。

モモの入院は、ユズの妊娠が分かったのとほぼ同時期だった。ボランティアたちは目まぐるしく動いた。東京に残りたかったユズは、「モモちゃんは東京で産めていいよなあ」とうらやんだが、いつ産気づくかもしれず、帰れる実家もないモモの緊急性は高かった。

出産した後にどうするのか、話し合う必要もあった。産んだ子を自分で育てるのか、誰かに託すなら、里親制度や養親《ようしん》を探す養子縁組もあった。産まれてくる子どもとの関係がそれぞれの場合でどうなるのか、モモ自身の環境がどうなるか、社会福祉士や精神保健福祉士の資格を持つボランティアと病院のカウンセラーは何度もモモに説明した。最後に決めるのは本人だ。

モモは「自分で育てる」と言った。

昔から、頼れる家族がいなかった。両親から虐待を受けて育ち、実家を逃げ出してからは施設で育った。「愛情というものを知らない」と打ち明け、「家族みたいなホストクラブ」を居場所にした。それが、彼女が路上で客を待つ理由だった。妊娠していることを知る1週間前、「家みたいな場所が欲しかった。それがホストクラブだったんだよね。私はね、家族が欲しかったんだ」と言っていた。

モモは4月、無事、男の子を産んだ。

「友達と一緒に住むから」

出産後もサポートは続いた。我が子を抱いて退院したモモは、母子寮に入った。出産の支援をした団体が懇意にし、坂本さんもよく知る都内の施設だ。予期せぬ妊娠をした女性や、パートナーの暴力から逃れてきた女性を受け入れている。モモはそこで数カ月を過ごし、今後の生活をどうするか決めることになった。別の施設に行くにしても、生活保護を申請し直すにしても、母子2人で暮らしていくことになる、はずだった。

「どうもね、彼女、寮を出ちゃったみたい」

坂本さんから聞いたのは6月だった。私がモモと最後に会ったのは、3月に生い立ちを聞いた時で、妊娠が発覚する直前のことだ。坂本さんがモモと最後に顔を合わせたのもその頃だという。

母子寮に入った後も、モモは子どもを連れて、しばしば歌舞伎町に通っていた。何をするでもなく、顔見知りに会いに来ていた。寮での暮らしが次第に窮屈になったのだろう。ある日、寮の職員に「友達と一緒に住むから」と言い残し、荷物をまとめて出て行った。新宿から2時間近くかかる郊外の町に家を借りていた。

「私はね、ちゃんとした家族が欲しいの。自分になかったから」

何度もそう言ったモモは、私たちの前からいなくなった。遠い街で元気に過ごしていてくれれば、それでいい。だが、少し後に、モモが小さな子どもを抱いてトー横広場で座り込んでいたと人づてに聞いた。黒い髪は茶色くなっていたという。子どもはまだ生後3カ月に満たないはずだ。気になってトー横広場を通るたびに探してみたが、一度も見つけられなかった。もう、相談室にも来ていない。

この冬、彼女はあの4000円のコートを着て、まだこの街にいるのだろうか。

3「この街に愛はなかったです」……レイ

病院を抜け出し

インスタグラムに1枚の写真がアップされていた。指でつまんだJRの切符。添えられた文字は「バーイ」。2023年4月。もしや、と思った。

その日、レイはかつて住んでいた自治体の担当者ムラオカさん(仮名)に連れられて精神科専門病院に行く予定だった。受診のためで、場合によってはそのまま入院する可能性もあった。本人にも、そう伝えられていた。

「行ったけど全然ダメでした。スマホも持ち込めないし、タバコも吸えないって言うし。え、無理って思って、すぐ逃げてきちゃった」

数日後、相談室に来たレイは悪びれずに言った。病院に着いて3時間ほどで抜け出し、その足で新宿に戻ったという。「病気、治したかったんじゃないの?」と聞くと、「そうしたいなと思うけど、規則が厳しすぎて。スマホがダメって言われたら、音楽聴けないじゃないですか? 音楽ないとダメなんです。もっと緩やかに治したいかも」と返ってきた。

入院して精神疾患を治そうという話は、2022年11月にレイがシェルターに入った少し後から続けてきた。治療に向けて、ようやく踏み出した一歩だったが、話は振り出しに戻った。

坂本さんは冷静に受け止めていた。「仕方ないというか、何というか……。何でも本人の望む通りにはできませんが、無理強いをして導けるものでもないですからね。仕切り直しですよね」

路上に立つ女の子たちと接してきた経験から、坂本さんは知っている。「今いる環境、居場所から抜け出すのって簡単じゃないんですよね。このままじゃダメだと思っても、居心地がよかったり、新たな場所になじめなかったり。それでつい戻ってきちゃう子は多いです」

目の前の「少ししんどいこと」「少し面倒なこと」から目を背けてしまう子は少なくない。放っておくと、後で大ごとになってしまいかねないが、本人たちは、そこまで思い至らない。だから、坂本さんの思い通りに事が運ぶことは、まずない。

トラブル続き

その後もレイはシェルターで暮らしながら、夜の街で遊び歩く生活を続けた。朝方までバーで酒を飲み、昼過ぎまで寝る。夜になると、また飲みに行く。ホストクラブは「もう行かない」と言ったし、公園の周りにも立たなかった。週末には相談室に顔を出したが、そのたびに小さな困り事を持ってきた。

ある日の相談事は、こうだった。「スマホが使えなくなっちゃったんです。どうしよう。携帯の契約はとっくに切れていて、これまではポケットWi-Fiを使っていたんですけど、それが入らなくなっちゃって」。そもそも彼女はスマホの代金を滞納し、ずっと前に契約解除されていた。再開するにも、契約に必要な住所がなかった。住民票には歌舞伎町に来る前に住んでいたアパートが書かれていたが、居住実態がないし、お金がないから滞納分を払える見込みもない。それでポケットWi-Fiを使っていたが、彼女はその契約者すらよく分かっていなかった。

「前に働いていた歌舞伎町のソープランドの店長みたいな人がたぶん中国人なんだけど、その人がくれたんです。4、5カ月前に辞めた後もずっと使えていたのに。またあの人に頼めばいいのかな。でも連絡先、分かんないや」

インスタグラムやTikTokが見られないと「生きていけない」と言う。私のスマホでテザリング機能を使ってインターネットに接続できるようにすると、着信音が連続して鳴り、食い入るように画面をのぞき込んでいる。「これって、一緒にいるときしか無理ってことですよね。どうしよう」。どうしようもなかった。

別の日の相談事は、より深刻な内容だった。「ヤバいホストに付きまとわれているんです」。歌舞伎町近くの路地を歩いていて、いきなり腕をつかまれたという。そのホストはレイを探していたらしく、会うなり「掛けを返せ」と迫ってきた。金額は200万円だという。

レイ本人は「全然覚えがない」と言った。本当に記憶がないのか、覚えはあるが言いづらかったのか、分からない。ホストが過大な額をふっかけてきているのかもしれない。いずれにせよ、そのホストがいる店には行ったのだろう。

それとは別に、彼女には「たぶん暴力団の人」からも、しつこく連絡が来ていた。こちらの方は、レイもよく覚えていた。

夕方、歌舞伎町を歩いていると、酔った年配男性に声をかけられた。立ち話をして、ラインの連絡先を交換した。その日の夜、相談室で夕方の出来事を披露したレイは、「今度、飲みに行こうって約束したんです」と明るく言った。坂本さんは「え、大丈夫？　よく分からない人の誘いに気軽に応じない方がいいよ」と注意したが、レイは、「大丈夫ですよ。いい人でしたから」と意に介さなかった。

だが案の定、その男性はいい人ではなかった。誘いのラインがしつこく来て、無視していると、路上でばったり会ってしまい、近くのビルに連れ込まれたという。「なんか断り切れる感じじゃなくて……。たぶん組事務所だったと思うんですよね」

こうした困り事があるたび、レイは坂本さんに相談した。坂本さんは「（ホストには）きちんと内訳を記した明細を送ってもらいな」と助言し、レイが男性に付きまとわれた時には交番前まで迎えに行き、男性と話をつけて保護した。そして繰り返し注意した。「いつも一緒にいたり、駆けつけたりはできない。住まいと仕事を見つけられるよう何でも手伝うけど、自分でもよく考えないと、取り返しのつかないトラブルに巻き込まれちゃうよ」

そういう時、レイは神妙な面持ちで下を向く。本当にまずいと思っているが、声をかけられると、知らない人でも無警戒に接してしまう。危険を察知するセンサーが働かないのだ。面倒事を呼び込む頻度は、坂本さんを頼ってくる女の子たちの中でも群を抜いている。

生活保護の受給は続いていた。毎月振り込まれる額は、おおむね7万円。シェルターに入っていたから住居費はかからないが、大半を飲み代に充てていた。金に困って、路上での客待ちをまた始めた気配もあった。ダメだと分かっていても、やってしまう。貯金ができず、たまっていくバーのツケはレイの心を重くし、よく眠れなくなった。抑制が効かない行動は、レイ自身の心身を削っていた。

次の居場所

5月になり、レイは、「やっぱり私、歌舞伎（町）から出た方がいい気がする」と口にするようになった。周囲の大人たちが何度も言ってきたことだが、そんな素振りを見せたことなど、一度もなかった。シェルターに入ってから半年近くが経っていた。「そこも出ないといけないし、仕事にも就きたいんです。ここ（歌舞伎町）にいたら、本当は生活保護を受け取っちゃいけないって言われているし」。レイは、6月中に行き先を決めてシェルターを出ると坂本さんに約束した。

坂本さんも、「このままずるずる時間がたってもね。時間を区切ってみるのはいいかもしれない」と思った。そのために、ムラオカさんとは連絡を取り続けていた。

4月にレイが病院から抜け出した後も、ムラオカさんは、彼女の次の居場所を探していた。一度は自立支援施設に当たりをつけ、レイと見学に行く予定まで立てた。しかしその日、レイは時間になってもシェルターに戻らず、迎えに来たムラオカさんに待ちぼうけを食らわせた。ムラオカさんは諦めなかった。その次は、無料低額宿泊所を提案した。女性専用で、生活保護受給者であれば入居できるという。

坂本さんは、前と同じことにならないよう釘を刺した。「嫌ならそれはそれで、ちゃんと伝えないとダメだよ。前みたいにムラオカさんに来てもらっているのに家にもいないし、連絡もつかないのはよくないからね」。レイは「はい」と応じた。6月末に入居すると決まり、シェルターからの退去は、いよいよ現実味が増してきた。坂本さんは、荷物をまとめておくように伝えた。

ムラオカさんが見つけた宿泊所は、新宿から電車で1時間以上はかかる。そこでの生活が始まれば、今までのように歌舞伎町で過ごすことはできない。タバコを吸いたいというレイを、私は相談室から外に連れ出した。紫煙をくゆらす時、レイは最も素直になる。

「やっぱり歌舞伎町からは離れようかなって。坂本さんには迷惑をかけっぱなしでした。今度は自分でちゃんと決めます。その宿泊所？　気に入るかもしれないし。もしかしたら大阪の方に行くかもしれない」

「大阪？」

「うん、友達のお父さんが向こうの人で、「こっちに来たら」って誘ってくれてるんです」

詳しく聞いてみると、あまりいい話とは思えなかったが、レイは「いっそ、（歌舞伎町から）遠く離れちゃった方が、簡単に来られなくていいかなって」と言った。「どっちにしても、坂本さんにもムラオカさんにも迷惑をかけないよう、ちゃんと決めて伝えます」

夜空に向かって煙を吐くと、未練を振り払うように言った。

「あー、歌舞伎町って何なんですかね。好きになりきれませんでした。私、前に言ったじゃないですか。「愛を探しに来た」って。愛、なかったです。全部、お金と引き換えでした。それって愛じゃないですよね。見返りを求めないのが愛ですよね」

レイは2本目のタバコに火をつけた。付け爪に塗られた金色のラメは、大部分が剝がれかけていた。「もういいんです。いろいろ学びました」。そう言って、花壇にタバコを押しつけた。

「しあわせになりたい」

数日後、シェルターを出る日がやってきた。昼にムラオカさんが迎えに来て、都外の無料定額宿泊所まで同行する予定になっている。

約束の時間の少し前に訪ねると、レイは自分の部屋にいた。ただ、足の踏み場もないほど散らかっている。本人は「全部捨てちゃっていいです」と言うが、坂本さんとレスキュー・ハブの女性スタッフは急いで片付けを始めた。荷造りもできていなかった。

「これは?」「いらないです」

ベッドの上に、ボロボロになったクマのぬいぐるみが置いてある。「これも?」と聞くと、「それは絶対持って行きます」と言う。生まれたときから一緒のナナミだ。キャリーケースに、レイはナナミや着替えを詰め込んだ。

11カ月を過ごした歌舞伎町を出て行く彼女を、私は見送れなかった。別の仕事があったからだ。別れしなに「元気でやりなよ」と言うと、レイは笑って手を振った。

レイが使っていた部屋は、物であふれていた。机や棚には飲みかけの酒や錠剤が転がり、床の上には、つけまつげと電子タバコの吸い殻が散乱していた。後日、レスキュー・ハブの2人は、数日がかりで掃除したらしい。隅から出てきたビニール袋の中を見たとき、坂本さんは苦笑するしかなかった。300枚はあろうかという、ホストの名刺が入っていた。
「とにかく歌舞伎町から離れた方がよかったと思います。シェルターにいながら飲んでしまう。記憶がないうちにホストクラブにも行ってしまう。自分でも分かってはいたようですけどね」（坂本さん）
レイも、この街にいてはいけないと、分かってはいたのだ。傷み始めたサンダルを履いて、彼女は宿泊所へと連れられていった。
詩のような日記に、レイはかつて書いた。

愛って何だろう。
誰かに愛されてみたい。
◯◯（自分の名：著者注）の事を本気で想ってくれる人。
遊びではなくて体目当てでもない、そんな人。

しあわせになりたい。
結婚して子どもがいてお父さんがいて。
笑顔がいっぱいの日常。

お家に帰ったら誰かがいてくれる。

しょくたくを家族みんなで囲む。

そんな未来を想像して今を生きる。


この街を出て行く時、彼女はどんな未来を思い描いていたのだろう。

その週末も、坂本さんは相談室を開けた。いつも顔を出していた子が姿を現さなくなっても、新たな子がやってきても、変わらず2年近く続けてきた。レイが抜けたシェルターも、別の子が使うだろう。

私は相談室に向かいながら、いつものように大久保公園の脇を歩いた。この日も、たくさんの女の子が立っている。顔見知りが何人かいて、その先には、レイによく似た金髪の子がいた。

何気なく近づいて、気づいた。似ていたのではなく、本人だった。何度見ても、レイだった。声をかけてきた男性と何やら談笑している。ソールがはがれかけたサンダルは、3日前に履いていたのと同じだ。そう、まだ3日しか経っていない。

「ダメでした、その寮みたいなところ。見学したんですけど、すごい年上の人ばっかりで。おばあちゃんみたいな人もいたんです。「ここ、無理です」って言ったら、ムラオカさん、頭抱えていました。次の日に戻ってきちゃった」

その夜遅く、おずおずと相談室に顔を出したレイはそう弁解した。

「なんか安いシェアハウスがあるんです。3万円くらいで。そっちに住もうかなって」

相談室が閉まり、彼女は飲みに出た。今夜もネットカフェに泊まると言って。

＊

ここまで、ユズ、モモ、レイという3人の「その後」を追ってきた。

ここからは、大久保公園周辺の路上に若い子が集まるという社会現象を俯瞰する視点を紹介していきたい。いったい何が、彼女たちをこの街に呼び、路上に立って体を売る相手を待つという行為に及ばせているのか。その存在は、私たちが暮らす社会に何を突きつけているのか——。私は、歌舞伎町という街や性を売る女の子を見つめてきた、ある2人を訪ねることにした。

4「プラスでもマイナスでも、リセットされる街」……鈴木涼美さん

作家であり、2009年に日経新聞に入社した元新聞記者でもある鈴木涼美《すずみ》さん（39歳）。歌舞伎町でキャバクラ嬢をし、AVに出演した経歴を持つ。修士論文をもとに書い

た『「AV女優」の社会学』（青土社）、夜の街で働いていた自分自身や友人たちの恋愛、人間関係を赤裸々に書いた『身体《からだ》を売ったらサヨウナラ』（幻冬舎）。彼女の著作には、性を売る女性、夜の世界を居場所にする女性たちの姿が描かれている。作家として活動するようになってから、歌舞伎町に居を構えていた時期があるという。

「性の商品化」は、「善」か「悪」かで捉えられがちだ。売春もまた、いずれかの視点から語られることが多い。インタビューは、そこから始まった。

鈴木　社会学的なトピックとしての売春に対する見解の一つは「誰にやらされているわけでもなく、自らの意思で選んでやっている」と女性の自由意思を強調する見方です。もう一方は「彼女たちは本当は望んでいない選択を迫られた性搾取の被害者だ」という構造主義的な考え方。私はそのどちらにも与《くみ》していません。

単にどっちの考え方も現場にいた私たちについて語っていないと思ったんです。そもそも善悪の判断が先立つと、議論にもなりません。実際に働く女性がいる事実から話を始めないと。それに最低限必要なお金があれば、女性たちは売春をしないのかというと、必ずしもそうではない。私はそう感じてきました。

私自身は中学や高校の頃に全然モテなくて、女として評価されなかった。歌舞伎町に来たのは、それを求めてきたという理由があります。もう一つの理由は、単純な非行為としてですね。自分が属する世界とは別の場所に憧れるってあるじゃないですか。逸脱してみたい願望がありました。

鈴木さんが身を置いたのは、紛れもない「性の商品化」の現場だった。求めるものがあって居場所にしたわけだが、彼女は売春を全面的に肯定も否定もしない。得たものもあったし、売春のあり方によっては特異な暴力性をはらむことも、よく知っている。

鈴木　売春をしていること自体が弱みにもなり得るし、単純に客に暴力を振るわれたり、力ずくでお金を奪われたりもします。私たちの時代には、風俗店に属さずに援助交際をする女の子を、店と関係の深い人が見せしめ的に暴行・監禁することがありました。そういう時、女性は無力です。風俗店は一応、業者が商品（女の子）を守ることになっていますが、大久保公園の周りにいる子たちにはそういった存在はないでしょう。運が悪ければ死んでしまう世界にいる怖さは、私も持っていました。特に問題がない時は気楽でいいと思うのですが、何か問題が起きたときに頼れる誰かがいるといいけど。

昔は路上売春というと、不法滞在の外国人や身分証がない人たちがやっているイメージでした。風俗店からはじかれた人たちです。でも今は、はじかれる前に立つ子がいるのでしょう。それは規制でどうにかなるとは思えません。「危ないよ」っていうのは身体的な経験でしか学べない。だから、何となく日常が回っていれば続いていくのです。

新聞業界にいるより、AV業界にいる方が変な人にヤバいことをされる可能性は高い。だからといって、働く女性側に危機管理のための判断力を持てと求めれば、「詐欺は騙される方が悪い」という理屈と同じになってしまいますよね。

ホストクラブの売り掛けシステムもそう。銀座や六本木の男性の行くお店は「お金を持っている人が行く場所」ですが、ホストクラブは「お金を作っていく場所」。さらに売り掛けシステムによって「行ってからお金を作る場所」にもなり得ます。もともとお金を持っていない、信用のない女の子を相手にしているため、その流れは大きなリスクをはらみます。悪いものが入り込む余地ができてしまう。現金がなければ、クレジットカード払いのみにすればいい。クレジット会社は若い女の子に限度額何百万円のカードはつくりません。20歳の女の子に数百万円の掛けを背負わせても、普通に払えるわけがありません。

ホストクラブ、キャバクラ、デリヘル、ソープランド。路上売春だけでなく、あるゆる形で性が商品化されているのが歌舞伎町だ。暴力性をはらむ半面、夜の世界に身を置く人たちにとって、特有の「公正さ」があるという。それが、居場所たり得る理由だと彼女は語る。

鈴木　社会にいると、結構色んなものを見定められるじゃないですか。学歴や家柄とか、どんな会社に勤めているかとか。歌舞伎町で求められるのは、働く側なら容姿や器量、客なら現金。シンプルですよ。だから、手持ちはないけど実はすごく資産家の子よりも、ボロボロの団地育ちだけど今日は現金20万円持っている子の方が価値がある。かつて東大卒のホストもいましたが、特にそれで店に特別扱いはされません。東大卒だろうが医学部卒だろうが、中卒のホストより売れなければ特別な価値があるとはみなされないわけです。

最初はゼロスタートで、みんな「せーの」で稼ぎ出す。家にお金がなかったり学歴がなかったりする「持たざる者」にとってはフェアな場所です。「持つ者」でも、自分が持っているものが気に入らない場合は歌舞伎町は居心地の良い場所です。良い家柄に反発したいとか。私もそっちに近い感じでした。

歌舞伎町は、プラスでもマイナスでもリセットされる街なんです。良い家柄も過去の傷も関係ない。学校で落ちこぼれたりAVに出演したりした過去、前科や国籍。そういうのも歌舞伎町だと気にされないんです。

そうであるが故に、下には下がいる場所でもあります。容姿でも境遇でも、誰もがつい他人と自分を比べてしまいますよね。その時に下を見て「あ、自分はまだ大丈夫だ」「自分の方があの人よりは幸福だな」と思えるんです。あと、エロの世界って需要の幅が広い。太っていても痩せていても、年齢が高くても若くても、毛が濃くても薄くても、どこかに自分に対するニーズを見つけられる。

そういう特性上、歌舞伎町は多様性もありますが、働いている男の子や女の子たちの価値観自体は非常に保守的、古典的な側面もあります。女の子だったら「巨乳」や「可愛い」「若い」に明確に価値がある。男の子だったら喧嘩が強いとか、お金を持っているとか、背が高いとか。今の一般社会でははばかられますが、歌舞伎町でははっきり言われます。そういう街ってあまりないですよね。

フェアで、シンプルで、忌憚《きたん》がない。性を商品として扱ってきた歌舞伎町には、寛容さと、分かりやすさがある。それが人を引きつけ、居場所にさせる。ただ、居心地のよさにひたり続けていると、突きつけられる現実がある。

鈴木　一つ、残酷な事実があります。

正しいか正しくないかは別にして、事実として、女の性的な商品価値は年齢とともに減り続けます。もいだフルーツと一緒です。すぐ中古品になって、場合によっては欠陥品として扱われ、その場にずっといるとゼロに近づいていく。

でも、それって精神的によくないじゃないですか。会社に勤めていても前の年より1円でも給料がよくなれば続ける意味もあるけど、下がる一方はツラいです。夜の仕事は資格や経歴がなくても若い時から高額を稼げるという面はありますが、「あれ？　私、いま劣化品として扱われている」と気づく瞬間が誰にでもあると思うんです。「これなら昼間の仕事の方がいい」と思う瞬間が。

その時に、歌舞伎町しか見えず外の世界を全く知らないと、閉鎖された空間で生きづらさが増していくだけになってしまいます。

確かに、他の社会では受ける差別もリセットされ、フェアに扱われるのが歌舞伎町です。でも、それは閉じられた狭い世界でもある。ここでしか生きられなくなると、逃げられなくなります。ホストへの売り掛けに思い詰めたり、減っていく収入を気にしながらその日暮らしを続けたり。

まさにそれは、この本に登場する女の子たちにも当てはまる。「ずっといたいとは思わないけど」と言いながら、い続ける。路上に立って売春をする女性たちに、鈴木さんはささやかなアドバイスを送る。

鈴木　私は大学に行っていない間も親が大学の学費を払ってくれていて、歌舞伎町での生活に飽きたら大学という戻れる場所があった。恵まれていました。でも、夜の世界から抜けたいなと思ったときに、他の選択肢がないとそのまま続けてしまいますよね。

時間は誰でも同じスピードで流れてしまう。現状を変えよう、何かを始めようと思っていても1年なんてあっという間です。男性もそうですが、大久保公園の周りにいる子も、たぶん日々、その日に降っている雨を払いのけるように生きていると思います。社会は往々にして何かの節目にこちらの決断を要求してくることがありますが、生活や人間関係が歌舞伎町の中で完結していると、日々が過ぎていくことに気づかないんです。

歌舞伎町なんて、狭い日本の、さらに狭い点みたいな地域です。そこから出れば、たとえホストクラブの掛けが残っていても、「そんなのホストが悪い」と言ってくれる人ばかりです。逃げ場はいくらでもあるし、歌舞伎町には一生行かなくても生きていけます。

生活のために道に立つ子は、別に今、急にやめなくてもいい。ホストクラブに行ってもいいと思う。でも、歌舞伎町が世界の全てにならないよう、一つでもいいから歌舞伎町と関係のない人との接点や、外のコミュニティーに足場を持つことをオススメします。家族、親族でもいいけど、そういう家庭環境じゃない子もいるでしょう。学校でも趣味の教室でも何でもいい。本来であれば外の世界にそういう頼ったり戻ったりできる場所がない子のために、最後のセーフティーネット的な居場所を社会が用意すべきだと思います。

5 「「自分に関係ない」と見切れば、大久保公園の現象に加担するのと同じ」……宮台真司さん

もう一人、訪ねた人がいる。宮台真司さん（64歳）。理論だけでなくフィールドワークを重視する社会学者で、映画評論家の肩書も持つ。東京都立大の教授という現役の教育者でもある。

1994年に出した『制服少女たちの選択』（講談社）は、知らない相手に性を売る女子高生たちにインタビューを重ね、彼女たちの倫理を問うのではなく、社会のシステムこそが揺らいでいるのではないかという疑問を投げかけた。「援助交際」という言葉が流行した頃だ。その後も宮台さんは、若者、特に女性の性的価値観を観察し続け、発信してきた。歌舞伎町の路上売春エリアにも足を運び、その現状も把握しているという。

宮台　大久保公園に若い子が立つのは新現象だけど、要素ごとに分解すれば以前からあった現象です。若い世代の売春はあったし、ホストにみつぐ女性もいました。ただ、ホスト通いが一部の風俗嬢を越えて広がったのはコロナ禍前の２０１６年頃からです。

業者介在型だったパパ活は、その頃から業者を介さないＳＮＳの取引に移りました。毎日がつまらない子が面白そうだと関東周辺から歌舞伎町に集い、日銭を稼いでホストクラブに通いはじめます。やがてＳＮＳも省いた相対《あいたい》取引に及ぶようになりました。

誰も眼差してくれない「空っぽな自分」を一時的な承認で埋めようとホスト界隈などに集う。日銭は要るから売春をします。大久保公園みたいな周知の相対取引の場所があれば、皆もやっているから安心です。そうして若い女性が来るようになり、それまでいた年長の女性が駆逐されて市場価値の高い若い人だらけになりました。

裾野の話をすると、１９９６年頃から、一般に若い女性のセックスに関わる願望水準が下がりました。「コクられてイエス」でカレシ・カノジョ関係になっても恋愛感情が薄く、テンプレート的デートを2回ほどしてセックスをする。「テンプレのセックス」です。

象徴的なのが、容姿や収入で相手を選ぶマッチングアプリです。出会いを求める20代未婚男女の8割に利用経験があります。テンプレのセックスは実りある体験を与えませんが、それが当たり前になると金銭目当てへの抵抗感が消えます。裾野はかなり広いのです。

話は、よりマクロなものへと移っていく。若い世代に顕著な傾向を、宮台さんは「性愛からの退却」と呼ぶ。感情の劣化と一体のこの現象は、今に始まったことではなく、60年前に起きた、ある社会の変化をきっかけに続いてきたことだという。

宮台　感情が劣化すると、相手を「あなた」ではなく「それ」としてしか見ません。「あなた」というのは入れ替え不可能な、「それ」は入れ替え可能な存在として扱うことです。容姿や収入を基準に相手を選んだり、相手に選ばれたりすると、それはより「カワイイ」「高収入」な存在に取って代わられます。そうした「入れ替え可能性」から逃げられないのです。

それに気づけないことが感情の劣化です。気づいていなくても、入れ替え可能性が不安を与えるので相手を束縛しますが、結局は恋愛感情が薄いので、すぐ飽きて、より高い属性の相手を探し、また飽きて……を繰り返します。

これを避けるには、豊かな感情が働くように育つ必要があります。それには生育段階で「条件付き」でない「無条件」の承認を与えられなければなりません。発達心理学の基本です。勉強やお稽古事の成果で子どもをほめる「条件付き承認」は不承認と同じなのです。条件付き承認しかもらえない子は、勉強やバレエが下手なら自分に価値がないと考え、条件を揃えれば愛されると勘違いします。でも何にも上には上がいる。だから不安から逃げられず、尊厳、つまり自己価値への信頼を欠いた状態になるのです。

原因は、親の態度だけに押し付けられません。どんな時代にも歪んだ親はいます。もう一つの要因は、子どもたちを取り巻く成育環境です。きっかけは、60年代に起きた住環境の団地化でした。「地域空洞化」「家族の内閉化」でもあり、それは80年代の「コンビニ化」、つまり「家族の空洞化、市場化、行政化」につながりました。

前者は、子どもの育つ環境が、地域が持つ相互扶助の中から、専業主婦による家庭内に移る流れを意味します。後者は、子どもに与えるコンビニ弁当が女性の社会進出を支えた一方で子どもの「孤食」が拡がる流れです。

80年代には「新住民化」も進みました。バブルにより住民の流動性が高まり、新参者が地域の多数派になることです。これにより危険遊具やエロ本の自販機が撤去され、暴力団事務所の排斥や禁煙化といった「安全」「便利」「快適」を求める動きが進みました。

こうした画一化により損なわれたものはたくさんあります。60年代、小学生だった僕は焚き火や花火の横打ちをし、公園のブランコで立ち跳びをしました。今なら「危ないから」と止められるでしょう。でも当時は当たり前の行為だったので通報なんかされません。こうした遊びでは、家が団地やお百姓、医者、ヤクザの子が一緒になりました。学年や性別のカテゴリーを越えて「フュージョン」したのです。そんな美風は「何かあったら責任を取れるのか」という新住民の声で台無しになりました。

もう一つ、かつては親や同世代との関係とは異なる、よその大人との「斜めの関係」が地域にありました。小学生の頃、よその家でご飯を食べ、お風呂を借りるのは普通でした。地域を見る大人がいなくなり、親が不信感ありきで我が子を家庭に抱え込むようになると、そうした風潮も失われました。

子どもたちが他者とのフュージョン体験をどれだけ奪われたかを思うと気が遠くなります。80年代に育った子どもは、90年代に高校生、大学生になります。「KY（空気が読めない）」を恐れてキャラを演じる営みが拡がり、それは性的退却にも直結しました。腹を割って本心を語り合う機会がなくなり、性愛の話はタブーになるからです。

こうした家庭内や地域でのコミュニケーションの劣化、フュージョン体験の減少によって生じるのが孤独だ。「性愛からの退却」「感情の劣化」は、孤独が招いたものでもあるというのが、宮台さんの見立てだ。

宮台　入れ替え可能な存在として扱われると人は孤独を感じます。孤独は心身を痛めます。体の免疫力は下がるし、心には鬱化、被害妄想化をもたらします。全て実証済みです。孤独を認めると傷つくので、「周囲が加害者だらけだから自己防衛しているだけ」と自分を合理化します。また、「孤独なのは退屈なだけ」と読み替え、刺激で埋めようとします。かりそめの埋め合わせは神経症をもたらします。
近しい誰かに「かりそめの埋め合わせはやめろ。それじゃ孤独は埋まらないよ」と言われれば神経症を避けられるのに、誰にも言われない。むしろ「他者は信用ならない」と思い込み、他者への願望水準を下げます。性愛からの退却も、そんな「育ちの悪さ」が招いたことです。

ここで言う「育ち」は、家柄や学歴を意味しない。かけがえのない存在として無条件に愛されてきたか、属性に関係なく他者と同じ体験を共有してきたか――。それが、この60年で損なわれてきた「育ち」だ。路上に立つ女性たちが育つ環境は、今日の社会では決して珍しいものではないという指摘でもある。では、どうすればいいのか。ミクロな実践に目を向ければ手立てはあるという。

宮台　条件付き承認で子どもを「あなた」ならぬ「それ」として扱えば、あなたの娘も歌舞伎町の若者と同じことをやる可能性が高まり、彼女たちを「自分に関係ない」と見切れば、トー横広場や大久保公園の現象に加担するのと同じで、いずれツケを払わされます。

マクロな「育ちの悪さ」は60年間の歴史の産物で、元に戻すには最短でも同程度の時間がかかります。ただし、特定の人を相手としたミクロな対応は可能で、僕のゼミに1年いれば多くの男女が変わります。ノウハウがあれば感情の劣化は防げます。

僕は「性愛ワークショップ」「親業ワークショップ」「森のキャンプワークショップ」「宗教ワークショップ」を組み合わせてきました。目的は、カテゴリーを越えてフュージョンした子ども時代の「ワクワク体験」を思い出させること、思い出せるように育てることです。

いつも歩いている通学路や公園でも、その人と歩くと別世界になることがある。一緒にいるだけでこんなに楽しいという気持ち。それが恋愛の出発点です。その感覚は幼少期のワクワク体験で培われます。言葉も属性も無縁に、ただ心が揺さぶられる体験です。

ワークショップでは、こうした体験がない今の多くの若者に、疑似的なワクワク体験を与えます。それとは別に効果的なのは、然《しか》るべき映画やドラマを考え抜かれた順番で見せ、主人公に「なりきる」営みをさせる試みです。相手の容姿や収入にしか反応しない感情の劣化を自覚できるようになります。

心が震えるような経験を重ねることが、劣化した感情の回復につながるということだ。子どもの頃にあったはずの「ワクワク体験」を思い出すのが望ましいが、疑似的な体験をして、自分の感情が劣化していると気づくだけでも、回復のきっかけになり得る。こうした実践をしてきた宮台さんは、性愛面についても「早期の性教育で対応できる」と言う。ならば、現代日本でそれを制度化できるのだろうか。

宮台 原理的には可能ですが、現実には無理です。制度は作るのも運用するのも人だからです。豊かな感情を持つ官僚や教員、政治家、それを選ぶ大人は、ほぼ全滅しました。だから「この子たちのために自分がやらないと」と思う大人がミクロな実践をする以外ないのです。

昨今の政府の少子化対策は滑稽です。少子化の原因は未婚化ですが、性的退却が続けば未婚化は続きます。根本にあるのは、不安ばかりを教え、性愛の実りを教えない左右イデオロギーによる性教育です。そこから改めなければなりません。

性教育を汚染してきたのは、90年代後半からは、妊娠、性感染症、受験失敗など、不安ばかり強調する右イデオロギーでした。00年代後半からは、性加害と性被害の図式ばかりを説く左イデオロギーでした。どちらも性愛の実りを教えず、不安だけをあおってきました。

他方、社会では「愛よりカネ」の傾向が強くなりました。家族が肯定的な見本を与えないので、若年世代からは家族を作りたいという願望が失われつつあります。「育ちの悪さ」は各方面で増幅されています。

全てに通じるのは、社会への過剰適応です。社会は言葉や法、損得が支配するバトルフィールドです。そこで生きていくには、安息の場として、法や損得に縛られないホームベースが必要です。問題は、そのホームベースが消えたことです。

自分で体験できなかった性愛の実りを伝えられない「育ちの悪い」大人たちが、不安をあおる性教育を推進します。その人たちもまた、ホームベース崩壊の犠牲者です。崩壊が放置されたのは、互いを入れ替え不可能な存在として見るという規範がそもそもないからです。

歌舞伎町の路上売春という断面から見えるのは、あなたが規範を伝えていないという現実です。そこから改めたらどうでしょう。

そんな宮台さんが最後に触れたのは、一人ひとりが持つ固有の「物語」に目を向けることの意義だ。それは、私やジャーナリズムに対する叱咤激励でもあった。

宮台　幼少期に母に言われました。「ホームレスでもヤクザでも誰でもその人の物語がある。そうした大切なことの大半は目に見えない」のだと。母はヤクザの子や部落の子を家に招くよう言いました。それで僕は、人をカテゴリーでなく「何をしているか」で見るようになりました。

宮崎駿監督の最新作『君たちはどう生きるか』も、世界の大半が目に見えないこと、人の物語が目に見えないことを描いています。見えるものにだけ反応する人々だらけになった社会への憤りを強く感じます。見えないものへの想像力を養うことがジャーナリストなど表現者の責務です。

エピローグ

赤く染めた髪は、暗い色に変わっていた。机の上に手鏡を置き、ライターであぶったつけまつげを目の上に乗せている。2023年7月、相談室に顔を出すと、サユリが化粧にいそしんでいた。姿を見るのは2カ月ぶりだ。

「携帯の料金を払わないといけないんだ。カネがない。これからちょっと立ってくる」

おめかししてどこへ行くのか聞くと、サユリはそう答えた。数カ月前にできた彼氏の家を追い出され、久しぶりに歌舞伎町に来たという。隣で坂本さんが静かに話を聞いている。

前日からほとんど何も食べていないという彼女を、渡辺さんと私は食事に連れ出した。注文を済ませると、サユリはため息をついた。

「やっぱ、このままは厳しいよね」。寝る場所がないのだ。この数日間は、男友達と毎晩ホテルに泊まっていたが、いつまでも続けられないのは本人も分かっている。

サユリは17歳で初めてこの街に来てから、もう4年以上になる。東京都の支援制度で一時はアパートに入ったが、今はネットカフェやホテルを転々とする生活に戻っている。以前は自分でも認める「ホス狂い」だったが、ホスト通いはやめた。

この日は終始、元気がなかった。住むところが欲しいし、定職にも就きたいという。どんな仕事がいいのか聞くと、「夜職以外は無理だよね……」と、やけに口調が弱々しい。

「私だって体を売るのはやめたいよ。でも、もうさ、知っちゃったんだよ。男とちょっとホテル行って2万とかもらう感覚を。今さら時給1000円とかって思っちゃう。そうなると、キャバとかガルバ（ガールズバー）とかかなあ」

売春をやめたいと、以前から言っていた。それでも、食事を終えて店を出ると、「1人でいいんだ。それでイチゴー（1万5000円）入れば、とりあえず何とかなる」と言って、大久保公園へ向かった。それを止めることもできず、私たちは見送るしかなかった。

これまで何度あっただろう。「今からちょっと立ってくる」と言って、相談室や飲食店を後にする女の子たちに、「気をつけてな」と声をかけたことが。それ以外の言葉は出てこなかった。犯罪行為を認めていることになると言われれば、そうかもしれない。

坂本さんは同じような場面に、私の何百倍も立ち会ってきた。

「難しいですよね。（売春は）やってほしくないですよね……」

これから道に立とうとする女の子に「今日は帰りな」と諭すことはある。でもそれは、一夜に限ったことでしかない。ひと晩、屋根の下で過ごすために性を売る女性を目にすることは、これからも幾度となくあるだろう。

「あの子らの宿泊代や食費を、我々が出し続けるわけにもいかない。本人に気持ちさえあれば（売春を）やめるための手助けはしたいです。でも、今日必要な稼ぎをやめさせたところで、何も解決しないですからね」

サユリはその夜、客を1人取った。2時間後に路上で会うと、2万円を手に「とりあえず今夜は何とかなりそう」と言った。安堵したが、明日になれば、彼女はまた同じ事態におちいる。それを繰り返してきたのが、この4年間だった。


2022年の晩秋、大久保公園の周囲には、道に立つ女の子が急増した。その光景は、半年たっても変わらない。それどころか、客を待つ女性の数は増え続けている。23年夏、警視庁は再び集中的な取り締まりに踏み切った。

相談室には、日々、新しい女の子がやって来る。ある夜に顔を出した子は、「少し休ませて」と言って、三つ並べたパイプ椅子の上に横になった。彼女はその翌週、警察に捕まった。覚悟を決めて出て行ったはずなのに1日で歌舞伎町に戻ってきたレイは、相変わらず、ほかの子がいなくなった夜中を見計らって顔を出す。

坂本さんは誰が来ても、同じように「いらっしゃい」と迎え入れる。

「ここに来る子は、どこかで誰かとつながっていたいんだと思います。慣れちゃっている子もいますけど、やっぱり怖い目にも遭うし、体の負担も大きい。目をそむけていても、明日の泊まる場所がどうなるかも分からない暮らしは不安でしょう」

その日も、相談室を閉めるのは遅かった。日付が変わり、最後まで残っていたレイを見送ると、いつかと同じ言葉を口にした。

「もっと外を回って、声かけしないといけないですね」

リップクリームや汗ふきシートを詰め込んだバッグを手に、相談室を後にする。帰りながら、まだ道にいる女の子たちに配って歩く。立ち並ぶ中に、数時間前までトー横広場で仲間と遊んでいた少女がいた。「あの子、遅い時間になると、こっちに来るんですね」。週末だけ歌舞伎町に来ると彼女は言っていたから、高校生かもしれない。

夜の闇の中、開業したての東急歌舞伎町タワーが紫色に輝いていた。1泊で7万円は下らない高層階のホテルからは、どんな景色が見えるのだろう。高さ225メートルの超高層ビルが発する光は、その足元には届かない。路上では、若い女性が、見知らぬ男から声をかけられるのを待ち続けている。この一日を過ごすための1、2万円を手にするために。

坂本さんと別れの挨拶を交わし、私は家路についた。2023年、東京の一角で見た風景は、いつか過去のものになるのだろうかと思いながら。

あとがき

　歌舞伎町で体を売る女性たちの取材を始めた時、心に留めたことがある。売春をする女性や買春をする男性に対して、初めから特定の見方を持たないということだ。

　新聞記者になって15年目になる。その間に身についたものがある。取材対象の、人や出来事について、その一面を切り取る習性だ。新聞記事は、とても短い。限られた字数で分かりやすくニュースを伝えるため、実際は複雑なことを簡潔に書こうとする視点は必要だが、特定の断面で切り取れば、抜け落ちてしまう要素がある。こうしたジレンマは、記者なら少なからず抱えるものだろう。私にもあった。だから、路上に立つ女性たちについて、何も知らないうちから、一つの立場で論を立てたくなかった。

　本当に何も知らなかったのだ。なぜ、多くの女性が夜の路上で見知らぬ男たちに声をかけられ、ホテルへ行くのか。売る女性も、買う男性も、私の周りにはいなかった。根底にあったのは、あくまで未知への関心だった。

　当初、私は1～2カ月で取材を終えるつもりだった。数人の女性から話を聞けば、新聞記事として、路上売春の実態をある程度は描けると思っていた。でも、通い続けても、どう書けばいいのかよく分からなかった。

「どういう子が立っているの？」。取材を始めてしばらくすると同僚や取材先から、しばしば聞かれた。それは私が最初に抱いた疑問だったが、いざ、自分が聞かれると、うまく答えられなかった。私が通った1年半あまりの間、歌舞伎町の街角には何百人、何千人もの女の子が立ったはずだ。そのうち、少しでも言葉を交わした60人ほどの女性は、それぞれの事情を抱えていた。「どういう子？」と聞かれて、答えられるはずもなかった。

でも、私が接した一人ひとりについてであれば、少しは語ることができる。そう思って書いたのが、この本だ。登場する女性の数は多くない。路上売春の全体像を網羅的に描けたとは思わない。ただ、彼女たちがふとこぼした言葉や、何気ない振る舞いを、その姿を想像しながら読んでもらうことだけを願って書いた。

取材を通して一つ、分かったことがある。彼女たちは、心から「好きで」「望んで」路上売春をしてはいなかった。自分で決めてやっていたとしてもだ。ホストにみつぐ子、受けた支援に背を向けて売春を続ける子もいた。でも、私は「自業自得だ」と思えなかった。彼女たちは、金銭よりもむしろ、精神的な充足を得るためにこの街を居場所にしていたと思う。家庭や学校、職場、生まれ故郷の町。どこにいても得られなかったものを、路上に立って性を売ってでも手にしようとしていた。他者からの承認、心が震える相手、安息のひと時。それは、この社会で暮らす誰にとっても大切なものだ。

宮台真司さんの言葉を借りれば、金と引き換えに手にできるのは「かりそめ」でしかないだろう。ならば、あの狭い街を「唯一の居場所」と思わせ、かりそめに手を出させるのは一体誰なのか。この問いは、私たちが暮らすこの社会の一人ひとりに突きつけられている。

どうか思いを馳せてほしい。彼女たちは、決して特異な存在ではない。誰かの娘であり、誰かの友達だ。あの子たちが、この街の一角を居場所にする理由は、私たちが暮らす社会の中にある。

路上売春に話を戻せば、「買う方が悪い」という意見がある。路上の女性たちを軽々しく買う男たちや、甘い言葉で多額の掛けを背負わすホストたちに、私も苦々しい思いを抱いた。法的な規制があってもいいかもしれない。ただ、彼らだけを悪者と断じる考えにも、道に立つ女性たちを「自己責任で違法行為に及ぶ存在」だとする論調にも賛同しない。そうした二元論は、対立を生みがちだ。売春によって日々を生き延びている女性たちがいることもまた事実だ。

歌舞伎町に実際に通っていると、彼女たちに手を差し伸べる存在や仕組みがいかに大切かと思う。「ここが嫌なら、外の世界でも生きていける」と一緒に歩む支援は、誰にでもできることではない。坂本さんの力を借りて売春をやめ、この街を後にした子は何人もいる。彼女たちが救われるのは論ではなく、現場での個別の実践だ。

薄暗い街の中で、そんなことを考え続けたのが、この1年半余りだった。

どうすればいいか分からなくなった私が、ようやく記事にしたのは2023年2月だった。取材は、1年4カ月に及んでいた。一度も言われなかったが、「いつになったら記事にするんだ」と坂本さんは思っていたかもしれない。私は彼を尊敬する友人だと勝手に思うようになっていたのだが。

本書は、私に話をして下さった全ての方々のおかげによる。何より、路上の女の子たちに感謝する。彼女たちの明日が、今日より少しでもよきものになることを願っている。

一部の取材には、同僚との協働があった。土江洋範と高井瞳という2人の優秀な後輩だった。どうもありがとう。

2023年8月

春増翔太

ちくま新書
1762

ルポ 歌舞伎町《かぶきちょう》の路上売春《ろじょうばいしゅん》
それでも「立《た》ちんぼ」を続《つづ》ける彼女《かのじょ》たち

二〇二三年一一月一〇日 第一刷発行

著者 春増翔太（はるまし・しょうた）

発行者 喜入冬子

発行所 株式会社 筑摩書房
東京都台東区蔵前二-五-三 郵便番号一一一-八七五五
電話番号〇三-五六八七-二六〇一（代表）

装幀者 間村俊一

印刷・製本 株式会社 精興社

ISBN978-4-480-07592-5 C0236